DYS

sur

10

L'auteur

Delphine Pessin est professeure de français au collège. Elle vit dans le Cher. *Dys sur dix* est son deuxième roman.

Dys sur dix est également disponible
en édition numérique adaptée aux lecteurs dyslexiques
aux éditions 12/21,
et en livre audio aux éditions Lizzie.

DELPHINE PESSIN

DYS sur 10

Dylan a un secret... Il est dyslexique.

POCKET JEUNESSE
PKJ·

L'Anapedys (Association nationale des adultes et parents d'enfants Dys) est une fédération qui travaille en coopération avec une vingtaine d'associations locales, dans de nombreux départements de la métropole et d'outre-mer.

Ces associations sont essentiellement constituées d'adultes et de parents d'enfants Dys – autrement dit, atteints de dyslexie, dysorthographie, dyscalculie, dysphasie, dyspraxie, dysgraphie, trouble de l'attention –, mais également d'enseignants, de professionnels de santé, qui travaillent avec ces enfants.

L'Anapedys salue la publication de *Dys sur dix*. Ce roman offre aux adolescents l'occasion de découvrir les troubles Dys et permet à ceux qui en sont porteurs de les identifier, ainsi que de dédramatiser si nécessaire.

Bravo pour cette initiative !

ANAPEDYS
Association Nationale des Adultes et Parents d'Enfants DYS

Loi n° 49 956 du 16 juillet 1949 sur les publications destinées à la jeunesse : juin 2018.

ISBN : 978-2-266-28800-2
Dépôt légal : juin 2018

Scène d'exposition

Il n'est pas conseillé de rire lorsqu'on est sur le point de se faire virer du collège. C'est comme se gratter quand on vient d'être piqué par un moustique. Plus on insiste, plus ça démange.

Et ça me démangeait énormément.

J'ai tenté, en vain, de garder mon sérieux, mais en dépit de tous mes efforts, j'ai eu un fou rire. Les personnes réunies autour de la table m'ont contemplé, sidérées. Certains profs ont secoué la tête, comme pour dire « Celui-là, c'est vraiment un cas désespéré ». La principale m'a foudroyé d'un regard élèvicide. La conseillère principale d'éducation a pincé les lèvres et la prof de français s'est crispée.

Il y a eu un moment où le seul bruit qu'on percevait était mes gloussements pitoyables. Je n'y peux rien, quand je suis très nerveux, je rigole bêtement. C'est une manière de court-circuiter le malaise, je suppose. Autant dire que passer en conseil de discipline était un motif d'embarras.

Mme Trape (avec un seul « p », elle y tient) a attendu que la crise soit passée. Elle portait un chignon serré, de petites lunettes en écaille et l'air réprobateur qui va avec.

Son cou de dindon a tressauté pendant qu'elle récapitulait les faits qui m'étaient reprochés :

— … perturbe le cours ; répond aux enseignants ; ne fournit aucun travail…

J'ai senti ma mère se tasser sur sa chaise. Un résidu de rire a chatouillé ma gorge, mais cette fois, je l'ai avalé tout rond.

— Le jour de la rentrée, Dylan n'a pas trouvé mieux que d'endommager la porte de sa salle de classe…

Elle a ménagé un temps de silence, histoire de garder le suspense :

— Et dernier incident qui nous amène ici : Dylan, par provocation, a voulu jeter ses feuilles de cours par la fenêtre… il a ouvert le battant si brutalement qu'il a heurté le front d'un de ses camarades. Celui-ci s'est retrouvé à l'hôpital.

Nouvelle pause, pour qu'on se rende bien compte de la gravité de ma faute.

— Vous reconnaissez les faits ?

Je suis resté sans voix. J'ai hoché la tête, inutile de plaider non coupable, toute la classe avait assisté à la catastrophe.

— Je suppose que vous allez nous expliquer ?

Elle a prononcé ces derniers mots d'un ton menaçant, et pas du tout comme une vraie interrogation. C'est ce que Mme Nas appelle une « question rhétorique » : on pose une question qui n'attend pas de réponse. Je n'avais pas bien compris sur le moment. Mais là, j'avais saisi le concept.

Je n'ai pas su quoi raconter. Est-ce qu'on s'attendait vraiment à ce que je sois sincère ? « On ne peut pas laisser un tel acte impuni », pensaient-ils. Personne ne parlait et pourtant, je l'ai entendu aussi distinctement que la sonnerie qui a vibré à ce moment-là.

Un gong retentissant avant d'assener la sentence. Le timing était parfait.

Je me suis contenté de bredouiller :

— Je ne sais pas.

Je me suis voûté parce que ma mère était là, à mes côtés. Elle devait supporter cette honte par ma faute.

— Expliquez-vous ! Nous ne demandons qu'à comprendre, a insisté la CPE.

Je n'ai pas levé le nez.

— Je ne sais pas.

J'ai senti un froid glacial m'envahir, descendre de mon cou, mon torse, jusqu'à mes pieds. Peut-être que j'allais me désintégrer, tomber en paillettes de givre sur le sol en lino. La principale m'a fait sursauter quand elle a repris la parole :

— Très bien. Puisque tu n'as plus rien à ajouter, je te prie de sortir pendant les délibérations.

Encore engourdi, j'ai quitté la salle. Maman m'a suivi à petits pas. On s'est assis tous les deux sur des chaises placées là à notre intention. Je savais maintenant ce que devait ressentir un condamné dans le couloir de la mort. Ma mère a reniflé et quand j'ai relevé la tête, j'ai vu qu'elle essayait de retenir ses larmes. Je n'ai plus du tout eu envie de rire.

— C'est la vie qui te pique les yeux, ai-je dit, pour faire revenir un peu de soleil sur son visage.

J'avais cité les paroles d'une chanson de Renaud que je connaissais par cœur. Ma mère l'écoutait en boucle, j'avais été élevé entre Renaud et Serge Gainsbourg. Elle a souri, un peu, et j'ai eu moins froid.

Un des profs est venu ouvrir la porte et nous a fait signe d'entrer. Je leur ai fait face, en essayant de garder la tête haute cette fois. Mme Trape a proclamé :

— Après délibération, Dylan est exclu trois jours du collège.

Elle a claqué son dossier, nous signifiant la fin de la séance.

Bonnes résolutions

Pourtant, le jour de la rentrée en quatrième, j'étais plein de bonnes résolutions. Je sentais ce drôle de petit creux à l'estomac, celui du premier jour.

— Pas de bêtises, a dit mon père, mais il ne paraissait pas très convaincu.

J'ai juré en mettant la main sur le cœur :

— Promis, juré, craché.

J'étais sincère. J'avais décidé de me tenir à carreau cette année.

La matinée de rentrée s'est déroulée comme du papier à musique : numéro de classe, liste des profs, emploi du temps, règlement intérieur. La routine.

Les choses se sont gâtées en début d'après-midi, quand notre prof de français est arrivée. Mme Nas était nouvelle au collège. Et nerveuse, ça se voyait. Très jeune, elle s'était pourtant habillée comme une vieille : veste de tailleur strict, jupe à mi-mollet, talons hauts, cheveux lissés en chignon. On voyait tout de suite qu'elle voulait faire bonne impression.

Lorsqu'elle est venue dans la cour où on l'attendait en rang, elle a joliment tangué sur ses talons. Les garçons ont échangé des coups d'œil en ricanant. Elle semait sur son passage un parfum vanillé qui contredisait ses vêtements ringards.

On s'est installés et elle a pris un instant pour nous observer. Elle semblait émue, mais aussi un peu intimidée. Je me suis dit qu'elle ne tiendrait pas la journée. Je ne pensais pas être si proche de la vérité.

— Bonjour, a-t-elle lancé d'une voix un peu trop forte. Je m'appelle madame Nas et je suis votre professeure de français.

Sourires railleurs.

— Comme nous allons être amenés à passer beaucoup de temps ensemble, nous allons établir les règles de vie de la classe. Mais avant, vous allez remplir des petites fiches afin que je vous connaisse mieux.

Cette fois, une main s'est levée. Pauline, ma voisine de table et amie de toujours a commencé :

— Madame, vous avez quel âge ?

Mme Nas a piqué un fard, ce qui l'a fait paraître plus jeune encore.

— Je pense que cela ne vous regarde pas... mademoiselle ?

— Paul, a riposté mon amie.

— Pardon ?

Persuadée qu'on se moquait d'elle, elle a cherché fébrilement sur sa fiche d'appel.

— En fait c'est Pauline, mais tout le monde l'appelle Paul, a ajouté Martin, toujours prêt à secourir une prof en détresse.

— Eh bien, ça suffit. Je ne veux plus entendre un bruit. Remplissez vos fiches.

Et, pour appuyer ses paroles, elle a distribué les feuilles. Nom, prénom, adresse, âge, profession des parents, livres lus l'an dernier, loisirs.

Il y a eu un moment de calme total. Mais pourquoi nous poser sans cesse les mêmes questions ? Était-ce si important de nous coller une étiquette dès le premier jour ? Je ne notais aucun titre en face des livres lus. Pas la peine de lui raconter des bobards, elle s'apercevrait bien assez tôt que je n'aimais pas lire.

Sans réfléchir, j'ai lancé :

— Madame… madame ? Pourquoi vous refusez de nous dire votre âge ? Vous nous demandez bien le nôtre ?

De petits rires furtifs se sont échappés. Vingt-huit paires d'yeux braqués sur elle, avides de voir sa réaction. Elle a marqué un temps et répliqué, très doucement, avec un soupçon d'avertissement dans la voix :

— À qui ai-je l'honneur ?

Sans me démonter, je l'ai saluée :

— Je m'appelle Dylan, madame.

Les bras croisés autour de la taille, Mme Nas a tenté une riposte :

— Eh bien, Dylan, tu n'as pas saisi ce que j'ai expliqué tout à l'heure. J'ai pourtant été claire.

Elle s'est approchée pour jeter un coup d'œil sur ma feuille.

— Tu pourrais t'appliquer. Soigne ton écriture ! C'est à peine lisible et rempli de fautes.

Un point pour elle. Sans le savoir, elle avait visé juste. En plein cœur.

J'ai rougi violemment, serré les poings, mais je ne suis pas parvenu à contenir ma colère.

— Vous n'avez pas le droit de me parler comme ça.

Ma voix, qui était en train de muer, a dérapé dans les aigus :

— Vous ne me connaissez même pas !

La prof a haussé le ton :

— Non, mais je crois que les présentations sont faites. Alors, tu te tais et tu me remplis cette fiche !

Tout en parlant, elle a reculé et heurté l'estrade. Deux choses se sont produites de manière quasi simultanée : avec un petit crac audible, le talon de sa chaussure gauche a cédé ; ensuite, Mme Nas est tombée à la renverse. Cramoisie, elle s'est relevée, a lissé sa jupe et contourné son bureau en claudiquant sur sa chaussure cassée. Un grand maigre au visage en lame de couteau a lâché un commentaire, couvrant le bruissement général :

— Oh la honte !

Elle ne savait pas qui avait osé dire ça, mais bien sûr, elle a tout de suite pensé à moi. Elle m'a fusillé d'un regard de tueur à gages. J'ai arrêté de rire dans l'instant. Aussi efficace qu'une kalachnikov.

Tout le monde s'est tu et un silence lourd s'est installé.

— Dylan, tu sors.

L'ordre a claqué. J'ai fixé la prof. Elle n'allait pas me virer quand même ?

— Mais madame, j'ai rien fait !

— Tu expliqueras ça à la CPE ; tu viens de me manquer de respect, alors, tu prends la porte !

La classe s'était figée, se régalant du duel qui se jouait sous ses yeux. Extérieurement, j'avais repris contenance, mais je sentais ma rage enfler, prête à déborder.

Je me suis levé avec lenteur en me forçant à sourire. J'ai ouvert la porte, et, d'un coup sec, l'ai sortie de ses gonds. Puis tranquillement, j'ai demandé :

— Vous voulez que je la mette où, la porte ?

Un tonnerre de rire a explosé dans la salle. La prof, très pâle, a fait une ultime tentative. Elle s'est emparée de son manuel de français intitulé *Aimer lire, aimer écrire* et l'a abattu avec fracas sur la table. L'agitation n'a pas cessé, bien au contraire. Certains élèves riaient tellement qu'ils en pleuraient. Paul se tenait le ventre, pliée en deux. La sonnerie a retenti et, en quelques secondes, tout le monde s'est dispersé dans le couloir. Mme Nas et moi nous sommes retrouvés face à face. C'était l'interclasse.

Elle est restée assise sans bouger pendant de longues secondes. Je suis sorti sans oser la regarder.

Bilan de ce premier cours :

- Je venais de ridiculiser notre nouvelle prof devant toute la classe.
- La salle n'avait plus de porte, et moi un tas de problèmes en perspective.
- Mes bonnes résolutions n'avaient pas tenu la journée.

Mauvaises connexions

Si j'ai perdu le contrôle ce jour-là, c'est que Mme Nas a appuyé là où ça fait mal. Elle a pensé que j'étais un flemmard doublé d'un analphabète. Un gros feignant qui ne prenait même pas la peine de s'appliquer à écrire correctement. Ce qu'elle ignorait, c'est que je faisais de mon mieux. Mais dans mon cas, le mieux est loin d'être suffisant.

J'ai adoré l'école… du moins jusqu'à la grande section de maternelle. Ensuite, tout est allé de travers. En fin de CP, je ne savais toujours pas lire. Mon institutrice était très vieille et plutôt gentille. Quand j'y repense, je crois qu'elle a vraiment essayé de m'aider.

— Qu'est-ce que tu lis, là ? me disait-elle en posant son doigt sous un mot réfractaire.

Moi, je fixais jusqu'à m'en brûler les yeux ces stupides signes insignifiants qui me narguaient sur la page. Souvent, pour lui faire plaisir, je faisais des tentatives :

— Mi… ron…

— Mirou.

La maîtresse se crispait et moi je me dégonflais plus vite qu'un ballon de baudruche.

— Mirou ssse…t

— est

— est… un…

Là, elle arrondissait les lèvres, formant les syllabes à ma place. Si j'avais pu, je lui aurais bien ôté les mots de la bouche. Alors, tout raide et transpirant, je balançais :

— un cate

D'un air las, elle me disait, plus fort et moins patiente :

— *chat*. On l'a vu plusieurs fois. « c+h » font « ch ». Le « t » ne se prononce pas.

Je la regardais, hébété. Qu'est-ce que c'était que ce charabia ?

— *Mirou est un chat*. Allez, on recommence.

J'en ai passé des heures, à tenter de décoder les lignes qui s'amusaient à danser sous mes yeux ! La maîtresse a continué à essayer et j'ai continué à trébucher sur les mots. Elle s'acharnait, mais moi je n'y arrivais pas.

J'ai fini par m'isoler. Je laissais mon esprit lever l'ancre et partir à la dérive. Je regardais par la fenêtre pour me laver les yeux des hiéroglyphes sur le tableau.

Au milieu de l'année, elle a convoqué mes parents.

On était assis tous les trois, face à son bureau.

— Je pense qu'il faut envisager un redoublement, a-t-elle déclaré.

Ma mère a serré mon bras, en lorgnant du côté de mon père. Sa voix, nette et sans bavure, a tranché le silence :

— C'est hors de question. Il va faire des efforts, il y arrivera.

Les sourcils de la maîtresse ont barré son front d'une ligne épaisse :

— Bon… Puisque c'est ainsi, je ne saurais trop vous conseiller de consulter.

Sur le coup, je n'ai pas compris. Consulter qui ? Une voyante ? Une sorcière ? Peut-être qu'on m'avait jeté un mauvais sort et qu'il était possible de m'en délivrer. En fait, elle pensait plutôt à un médecin.

À partir de ce moment, et jusqu'à la fin de mon CE1, j'ai été embarqué dans le manège des mots en « ique » : bilan ophtalmologique, orthoptique, neurologique, orthophonique, psychologique. À faire tourner la tête. À la fin, j'ai été diagnostiqué dyslexique et dysorthographique. Ça veut dire que je ne fais pas bien le lien entre le mot écrit, le son et le sens. J'emmêle les lettres, je mélange les syllabes…

Bref. J'ai des problèmes de connexion. Je suis dys-connecté.

Les médecins ont dit à mes parents de contacter la MDPH[1] qui a décidé qu'un PAP serait mis en place. Je n'aurais pas d'AVS, mais il était évident que je bénéficierais du RASED.

Quand on a un enfant malentendant, on doit apprendre à communiquer avec des signes. Mes parents, eux, ont appris à maîtriser le langage des sigles.

---

1. Pour le commun des mortels, la traduction des sigles se trouve en p. 189.

La Reine des neiges

La première fois que je suis allé chez l'orthophoniste, maman m'avait habillé de mon plus beau pantalon et d'une chemise blanche fraîchement repassée. C'est important de soigner les apparences, surtout quand, à l'intérieur, c'est le bazar.

Mlle Clairet est venue nous accueillir. C'était une toute petite jeune femme chaussée de ballerines plates taille fillette. Son visage en forme de cœur était encadré de cheveux blonds, presque blancs, une longue tresse ramenée sur le côté la faisait ressembler à une princesse de conte de fées. La Reine des neiges pour être exact.

Elle m'a tendu une main de poupée en disant :

— Bonjour, je m'appelle Blandine Clairet. Nous allons faire connaissance.

Elle parlait d'une voix flûtée qui sonnait comme une jolie musique.

— Après que ta maman aura rempli cette fiche, nous discuterons tous les deux et nous ferons de petits exercices. L'objectif, c'est de comprendre pourquoi tu rencontres des difficultés et ce que tu ressens par rapport à tout ça. Tu es d'accord ?

J'ai hoché la tête. Son sourire remontait jusque dans ses yeux couleur de ciel. J'avais sept ans et je tombais amoureux pour la première fois.

— Je ne suis pas ici pour te juger, ni te donner une note. Tu vas faire de ton mieux et on cherchera ensemble des moyens pour t'aider.

Elle a souri de nouveau, laissant apparaître de petites dents alignées comme les perles d'un collier. J'étais muet d'admiration.

Sans avoir l'air de remarquer que je n'avais pas encore ouvert la bouche, elle a posé devant moi des cubes de tailles et de couleurs différentes. Ensuite, elle m'a donné des instructions pour les assembler. J'étais si absorbé dans ma tâche que j'en ai oublié le temps. Quand elle s'est arrêtée de parler, j'avais construit un château. J'ai levé les yeux, stupéfait.

— Comme ça ? ai-je demandé, oubliant que j'étais trop timide pour parler.

— Qu'est-ce que tu en penses ?

— Je le trouve pas mal, ai-je bafouillé.

— Moi aussi. Il est très beau, ton château. Tu es très doué, Dylan.

Je l'ai regardée. C'était bien la première fois qu'on me disait ça.

— Tu viens de montrer que tu as une bonne compréhension de ce que tu entends. Tu as manipulé les cubes sans difficulté. C'est formidable !

Elle semblait aussi enthousiaste que si j'avais gravi le plus haut sommet du monde à mains nues pendant une tempête de neige. Et le plus incroyable, c'est que j'avais vraiment le sentiment d'être en altitude. Elle a alors sorti des dessins en noir et blanc.

— Voilà des histoires toutes mélangées. Pourrais-tu me les remettre dans l'ordre ?

Je me suis exécuté et, en deux temps trois mouvements, j'avais aligné les vignettes chronologiquement.

— C'est parfait. Bien.

Elle a marqué une pause. Je me rappelle que j'étais tellement content de ma performance que j'ai craint un instant qu'elle ne décrète que j'avais trop bien réussi et qu'elle ne pouvait rien faire pour moi. À l'idée de ne plus la revoir, mon cœur a commencé à s'émietter. C'est dur, l'amour.

— À présent, je vais te donner un texte. Tu vas lire cette histoire à voix haute. Fais bien attention à ce que tu lis pour pouvoir ensuite répondre à mes questions.

Je suis redescendu illico de mon Everest. Mais comme je voulais lui faire plaisir, j'ai commencé à ânonner :

— Pa…cha esss..t le… nounours de Ma..ri…no… euh… Marion.

Je lui ai jeté un regard de chien perdu sans collier. Elle est restée impassible, comme si je n'avais commis aucune erreur.

— Continue, Dylan. Il n'y a pas de score à atteindre. Tu vas à ton rythme.

Alors, j'ai continué.

— Il a dro…mi dans le jra..jardin.

Arrivé à la fin de la page, je transpirais à grosses gouttes, mais j'avais escaladé la montagne.

— Bravo ! Tu es arrivé au bout. Je suis sûre que tu ne t'en croyais pas capable !

J'ai esquissé un sourire.

— Je vais maintenant te poser des questions, et tu me dis ce que tu as compris.

J'ai fait de mon mieux mais j'ai trouvé ça plutôt difficile. Pourtant, elle n'a pas froncé les sourcils ni poussé de gros soupirs. Elle m'a donné une feuille et demandé d'écrire des mots. Elle avait dû me jeter un charme, parce que d'habitude je déteste écrire. Presque autant que je déteste lire. Quand je lui ai rendu mon papier, elle a juste dit de sa voix chantante :

— Je pense que c'est suffisant pour aujourd'hui. Je vais parler un peu avec ta maman et nous allons convenir des prochains rendez-vous.

Hourra ! Elle acceptait de me revoir ! J'avais l'impression que, désormais, je franchirais tous les obstacles de l'univers.

L'incroyable Hulk

Le gamin plein d'espoir que j'étais alors semble désormais bien loin du Dylan d'aujourd'hui.

Dans l'heure qui a suivi l'épisode de la porte, la triste réalité s'est abattue sur moi. Convocation chez la principale. Comme au Monopoly, allez directement en prison sans passer par la case Départ.

Elle a crié « Entrez ! », d'un ton hautain qui ne me disait rien qui vaille. Elle paraissait déjà énervée, avant même que j'aie la chance de m'expliquer. Je suis resté debout, bras ballants, à me tortiller comme si j'avais envie de faire pipi. À présent que ma colère était retombée, je me demandais comment, dès le jour de la rentrée, j'avais pu me mettre dans un pétrin pareil. Mme Trape semblait du même avis parce qu'elle m'a indiqué une chaise, d'un coup de menton tressautant.

Ce n'était pas la première fois que j'avais affaire à elle et je savais qu'elle ne ferait pas de quartier. Elle gérait l'établissement d'une main de fer et ma petite blague risquait de me coûter cher. Pour dire la vérité, elle me fichait un peu la trouille. Elle a fini par lâcher :

— Monsieur Le Roch, vous avez décidé d'être fidèle à votre réputation ? Vous n'avez pas perdu de temps ! Peut-être auriez-vous pu nous laisser un peu de répit...

J'ai dégluti péniblement.

— Je... Je ne sais pas ce qui m'est passé par la tête. Je vous assure..., je n'ai pas réfléchi...

Mme Trape s'est redressée, ses yeux se sont rétrécis. On aurait dit qu'elle était en train d'ajuster sa cible avant de tirer.

— Encore heureux que vous ayez agi sans préméditation ! Mais ce n'est pas vraiment une circonstance atténuante. Vous avez vraiment dépassé les bornes. Vous vous rendez compte de ce que vous avez fait ?

Comme elle ne semblait pas vraiment attendre de réponse, je me suis contenté d'acquiescer.

— Évidemment, je ne peux laisser passer un tel incident sans le sanctionner. Je vous mets trois heures de colle, vous en profiterez pour travailler. J'ajoute à cela un blâme dans votre dossier scolaire. C'est compris ?

J'ai hoché vigoureusement la tête. Oui-Oui dans toute sa splendeur, ne manquait plus que le grelot.

Tandis que je me dirigeais vers la sortie, un « Attendez ! » m'a cloué sur place.

— C'est votre première et dernière incartade de l'année, tenez-vous-le pour dit... et vous allez immédiatement me remettre cette porte en place. Allez, ouste !

Je me suis dépêché de quitter la pièce, de peur qu'elle n'ait l'idée d'ajouter une peine à un châtiment déjà bien assez lourd à mon goût.

Avant que la fin de la récré ne sonne, je suis donc allé replacer la porte sur ses gonds. Mme Nas était partie. J'étais soulagé car je n'aurais pas su quoi lui dire. Comment lui expliquer que j'avais encore été pris d'un de mes « coups de folie », comme les appelait maman ? Lorsque Mme Nas avait critiqué mon écriture et mis en doute mes capacités à comprendre, j'avais senti un truc se bloquer dans mon esprit. Comme un rideau tiré pour faire l'obscurité. De la même manière que je ne peux empêcher le rire de me monter aux lèvres quand je suis gêné, la colère et le sentiment d'injustice me poussent à faire ou dire les choses les plus incroyables.

C'est un peu comme dans un de ces vieux magazines que collectionne papa, avec des personnages de Marvel. Le héros s'appelle Bruce Banner ; c'est un physicien qui se fait bombarder de rayons gamma au cours d'une expérience. Cela modifie son ADN. Ensuite, lors de moments de stress intense, il se métamorphose en une créature colossale à la peau verte. Sa force est décuplée par la colère qu'il ne parvient pas à contrôler. Eh bien moi, c'est pareil. Face à une situation humiliante, je me transforme en créature incontrôlable. Tous les échecs à la queue leu leu, toutes les désillusions éclatent comme des petites bulles qui remontent à la surface.

Le rire recouvre la rage. Je suis l'incroyable Hulk, version comique.

Tout est bien qui finit mal

J'ai passé cinq ans avec Mlle Clairet. En comptant deux séances par semaine, ça fait un paquet de tête-à-tête. C'est elle qui m'a appris à lire. Par l'association de mots et d'images, ou bien en chantant des comptines mimées, j'ai réussi à décrypter les hiéroglyphes. Je chante toujours comme une casserole, mais faire les gestes m'a aidé à intégrer les sons. On faisait aussi des petits jeux... J'aimais bien le « je lis, je cache ». Après la lecture d'un mot nouveau, je devais visualiser dans ma tête son orthographe puis l'associer à une image mentale. J'adorais ça parce que c'était comme mon petit cinéma intérieur.

Évidemment, les séances n'étaient pas toujours marrantes. Il a fallu fournir des efforts. Parfois, c'était vraiment dur. Mais j'avais bu une potion de confiance. Blandine Clairet me donnait le sentiment d'être fort.

— Tu dois mettre en place des stratégies positives pour apprendre, répétait-elle.

Dommage que la vie ne soit pas un conte de fées. Je ne me suis pas transformé en bon élève d'un coup de baguette magique. Et il n'y a pas eu de « ils vécurent heureux » à la fin de l'histoire. Elle s'est même plutôt mal terminée.

Lorsque j'ai appris qu'elle devait interrompre nos séances, j'ai été furieux. Nous avions passé tellement de temps ensemble ! Je n'étais plus vraiment amoureux d'elle, j'avais grandi. Pourtant, j'étais persuadé qu'entre nous, il y avait un lien spécial. Je m'étais convaincu que parmi tous ses autres patients, elle me préférait moi.

— Dylan, je dois t'annoncer quelque chose.

Son air grave aurait dû m'alerter.

— Je vais déménager dans deux mois. Tu vas travailler avec un autre thérapeute.

Direct du droit dans l'estomac, goût de bile dans la bouche.

— C'est à cause de moi ?

Elle m'a tout expliqué très gentiment, comme on parle à un petit enfant. La fourbe. Je n'étais plus un bébé, j'allais avoir douze ans !

— Bien sûr que non. Ma décision de quitter la région n'a rien à voir avec toi.

Et là, elle a assené, tranquillement, le coup de grâce :

— Je vais me marier et je m'installe dans le sud de la France où vit mon compagnon.

Mon cerveau s'est fragmenté en mille flocons de glace. J'avais oublié que la Reine des neiges était capable de congeler les cœurs. J'ai senti la panique m'envahir. Comment j'allais faire, sans son aide ? Les larmes ont débordé de sous mes paupières, j'avais beau lutter, je ne pouvais les contrôler.

— Tout va bien se passer, a-t-elle assuré. Tu as fait d'énormes progrès, il n'y a pas de raison pour que tu ne continues pas.

Décidément, elle ne comprenait rien. La colère est montée, recouvrant tout, chaque vague plus haute que la précédente. Elle se fichait pas mal de ce que j'allais devenir. Je me sentais trahi. Je lui ai rendu son sourire en plastique pour fanfaronner :

— Il n'y a aucun problème. Je comprends. Vous avez votre vie, j'ai la mienne. On s'en fiche de savoir ce que je veux, moi !

Je souriais tellement que je sentais presque mes joues craquer. Un peu plus, et j'allais rester coincé, ce rictus plaqué pour toujours sur la figure. Mlle Clairet a hésité entre la figue et le raisin. Pour la première fois depuis que je la connaissais, elle m'a donné l'impression de ne pas savoir comment réagir.

— Dylan… Je ne vais pas t'abandonner. Je prendrai régulièrement de tes nouvelles, et je vais communiquer à ta maman le nom de collègues qui pourront prendre le relais.

Le relais… comme si j'étais un simple objet qu'on se refile à la sauvette, avant de courir à toutes jambes, le plus vite et le plus loin possible !

— Je suis vraiment très heureux pour vous, je vous assure. Bon, ben, faut que je vous laisse. J'ai des trucs à faire.

Je me suis levé en renversant ma chaise.

C'est ainsi que j'ai quitté la pièce et Blandine Clairet pour toujours.

Zéro

C'était comme une course cycliste.

Au début, être en queue de peloton ne m'avait pas dérangé. Du primaire, je me souvenais que nous étions une équipe. Il y avait des côtes péniblement grimpées, des élèves plus doués qui s'échappaient à toute allure. Je ne gagnais jamais le maillot jaune, mais je franchissais les cols, je passais les lignes d'arrivée.

Au collège, tout fut différent. Mes copains et moi avons été dispersés, il n'y avait plus d'équipe. Quand la sonnerie avait retenti le premier jour de sixième, j'avais dû me dépêcher pour ramasser mes affaires, je n'avais même pas fini de remplir la moitié de la fiche de renseignements. Comme je courais pour rejoindre une nouvelle salle, un nouveau prof, j'ai compris que j'étais déjà hors course. J'aurais beau pédaler à fond, ce serait toujours dans le vide.

Pourtant, je ne me suis pas essoufflé tout de suite. À la maison, je reprenais tous mes cahiers avec l'un de mes parents. Et chaque soir, je me heurtais à mes limites.

Tel un brave petit soldat, j'utilisais les astuces mises en place avec Mlle Clairet. Par exemple, pour déchiffrer un énoncé, je plaçais une règle sous chaque ligne pour l'isoler. Ensuite, je surlignais les mots qui me semblaient importants. Mais ces stratégies demandaient du temps, et du temps, je n'en avais jamais assez. Les autres grattaient furieusement leur copie quand moi, je venais juste de décrypter la consigne. J'étais comme le lapin d'*Alice au pays des merveilles*, toujours en retard.

Je me rappelle un jour où j'avais passé toute la soirée à travailler. Le lendemain, j'avais une dictée. On avait sorti l'artillerie lourde : j'avais copié les mots difficiles, lu et relu la leçon. Elle portait sur les « homophones grammaticaux » : c'est quand les mots se prononcent pareil mais qu'ils s'écrivent différemment. Par exemple, « ses » peut s'écrire aussi « ces », « c'est », « sais » ou « sait ». Ça dépend de sa classe grammaticale. Un vrai sac de nœuds !

Les mots défilaient devant mes yeux, formant une bouillie compacte. Mon père avait dû tout me réexpliquer. Malgré le mal qu'il s'était donné, je n'avais encore rien compris. Il aurait pu me parler chinois, cela aurait été la même chose. Lorsque je m'étais couché, les lettres dansaient derrière mes paupières une farandole diabolique. J'étais parti au collège avec dans le ventre un poids aussi lourd qu'une boule de bowling.

J'avais pris un air brave en disant :

— T'inquiète, Paps, je gère.

La vérité, c'est que je n'ai rien géré du tout. La prof a dicté trop vite, et je ne suis pas arrivé à noter et à réfléchir simultanément. Fini d'espérer. Atterrissage sur ma copie, ratures. Crash.

Quelques jours plus tard, la prof a rendu les dictées. Elle m'a tendu ma feuille dans les derniers. Une énorme bulle en ornait le coin. Au-dessous, était inscrit : « Ne te décourage pas. »

Le commentaire dégoulinant de pitié pour moi, pauvre élève en difficulté, n'a fait que remuer le couteau dans la plaie. Je ne m'étais pas senti aussi mal depuis le jour où je m'étais cassé le tibia en sautant de la fenêtre de ma chambre. J'avais eu la jambe immobilisée pendant six semaines. Ma dyslexie était un énorme plâtre qui m'empêchait d'avancer avec les autres.

J'ai chiffonné ma copie et l'ai balancée dans la poubelle en même temps que ma fierté. La prof a écarquillé les yeux et exigé mon carnet. Elle m'a collé un avertissement, mais je n'en avais rien à fiche. Qu'est-ce qui pouvait m'arriver de pire ? Elle venait de me faire une démonstration implacable : la somme de tous mes efforts équivalait au chiffre nul.

En mathématiques, le zéro désigne l'absence de quantité. C'est également lui qui a permis l'invention des nombres négatifs. Le zéro, c'est moi.

Edmond Dantès

J'ai rencontré Martin et Pauline le jour de la rentrée en maternelle. On est tout de suite devenus amis. Martin était mort de frousse. Il se cachait le visage en s'accrochant à la main de sa maman. Moi, je jouais déjà avec les Legos, aussi à l'aise qu'un poisson dans l'eau, comme si j'avais déjà des années d'expérience en matière d'école. Pauline est entrée en bousculant un peu tout le monde. Il faut dire qu'elle a trois frères, et ce n'est pas forcément eux qui ont le dessus quand ils jouent à la bagarre. Elle a regardé Martin en train de pleurnicher, aussi collé à sa mère qu'un bigorneau à son rocher, a jeté un œil dans ma direction et lui a ordonné :

— Viens, on va jouer aux Legos.

Elle avait parlé avec tant d'autorité qu'il a obéi sans discuter. Ils se sont installés par terre, à mes côtés, et on est devenus copains pour la vie.

On est restés dans la même classe durant tout le primaire, comme c'est souvent le cas dans les écoles de campagne. Au collège, j'étais avec Martin, mais Pauline s'est retrouvée dans une autre sixième. On était hyper déçus, forcément, mais quand elle a vu nos mines de chien battu, elle nous a vite recadrés.

— Qu'est-ce que ça peut faire ? On est toujours les trois mousquetaires, oui ou non ?

C'est comme ça que les instits nous avaient surnommés. Nous, on ne trouvait pas ça très original, mais au fond, ça nous faisait plutôt plaisir. Ce qui comptait, c'était qu'on nous considère comme un seul bloc. Si quelqu'un voulait jouer avec nous, il nous prenait tous les trois, ou pas du tout. On a donc continué à se voir pendant les récrés et notre amitié n'a pas bougé d'un pouce. Cette année, en quatrième, on a hurlé de joie parce qu'on était enfin réunis.

Après le coup de la porte dégondée, Mme Nas m'a ignoré. Je ne savais pas si elle m'en voulait encore ou si elle était simplement soulagée que je me tienne tranquille. Je me suis installé à ma place habituelle, tout au fond, juste derrière Martin et Pauline. Objectif : me faire oublier. Cela a bien fonctionné les premières semaines. J'écoutais le cours sans participer.

C'est ma technique de révolte passive : puisque l'école me résiste, il est hors de question de collaborer.

Nous étions en train d'étudier un extrait du roman d'Alexandre Dumas, *Le Comte de Monte-Cristo*. Le héros, Edmond Dantès, est emprisonné injustement et cherche à s'évader pour se venger de ceux qui ont comploté contre lui. On avait vu quelques passages et même sans avoir lu le bouquin, je trouvais l'histoire vraiment super. J'écoutais donc le cours, en me gardant bien de paraître intéressé lorsque, tout à coup, Mme Nas m'a interrogé. En faisant cela, elle enfreignait le pacte tacite de non-agression, elle s'acharnait sur moi.

— Pourrais-tu lire le texte ? a-t-elle répété.

J'ai baissé les yeux vers le livre ouvert sur la table.

— Non.

Ses yeux ont papillonné. Elle avait un petit air désemparé qui lui donnait presque notre âge.

— Je ne comprends pas. Tu refuses de lire ?

Non, je ne lirai pas. Je ne me ridiculiserai pas devant toute la classe. J'ai senti le rouge chauffer mes joues, puis mon cou. J'aurais voulu me liquéfier, devenir une petite flaque insignifiante. J'aurais voulu qu'elle m'oublie.

Au lieu de quoi, elle s'est entêtée. Elle a peut-être cru que je refusais de lire pour la provoquer encore. En tout cas, elle n'a pas lâché l'affaire :

— Dylan, tu obéis. Sur-le-champ.

Il y a eu un moment de calme parfait. J'ai fixé les lignes qui dansaient devant mes yeux, comme une partition de musique qu'on ne peut déchiffrer que si l'on est musicien.

Le passage que je devais lire racontait une scène d'évasion. Le héros parvient à s'échapper d'une forteresse construite sur une île. Cette prison est soi-disant imprenable mais, comme il est très malin, il prend la place d'un détenu mort. Il sait que les gardiens jetteront son corps à la mer comme ils le font pour tous les cadavres. Après, il nage pendant des kilomètres et il retrouve sa liberté.

Enfin, c'est ce que Martin m'a expliqué ensuite, parce que, sur le moment, je n'ai pas capté grand-chose. J'ai juste senti un verrou s'enclencher en moi, tandis que je commençais à déchiffrer à voix haute.

— Dantès se sen…tit lan-cé, en… ef…fet, dans un vide é..nor..meuh.

Je parlais très fort, articulant exagérément chaque syllabe. Elle voulait m'entendre lire, elle n'allait pas être déçue. Je crachais chaque mot comme une injure :

— ...tra-ver...sant les airs... com-me un oi...seau ble-ssé, ... tom-bant, ... tom-bant... tou-jours avec une é...pouvante... qui. Me. Glaçait. Le cœur.

Si j'avais compris ce que j'étais en train de raconter, l'ironie de la situation m'aurait sans doute amusé. Les fossoyeurs balançaient les morts du haut d'une falaise ; je précipitais les mots hors de ma bouche.

Avec application, j'ai massacré les dernières lignes :

— Il lui sem...sembla que cette chchchuuuute du...rait un... siècle.

J'ai levé la tête, victorieux. Je m'étais tellement crispé que la feuille entre mes mains était toute chiffonnée. Libéré de ma peur, la colère m'a traversé et, comme d'habitude, j'ai eu envie de rire. *Pourquoi est-ce qu'elle m'avait humilié devant tout le monde ?*

Pris d'une idée subite, j'ai essayé d'ouvrir la fenêtre. Elle était coincée, je l'ai tirée d'un coup sec et elle s'est ouverte. J'ai tendu le bras et j'ai lâché ma feuille martyrisée. Elle a pris son envol pour se poser en douceur deux étages plus bas. Au même moment, un cri de douleur a retenti. Je n'avais pas remarqué qu'en tirant la poignée de la fenêtre, j'avais heurté la tête de Martin. L'angle aigu avait fracassé son sourcil. J'y étais allé tellement fort qu'il était à moitié assommé et gisait en petit tas informe sur le sol.

Comme engourdi, je ne bougeais plus. Je n'avais plus du tout envie de rire. Mme Nas, après quelques secondes de stupéfaction, a hurlé à Pauline d'aller chercher du secours.

J'ai voulu m'agenouiller près de Martin, mais elle m'a repoussé en grondant :

— Ne le touche surtout pas ! Tu en as assez fait !

Je me tenais là, regardant la scène et me demandant en boucle. *Est-ce que tout ça arrive* VRAIMENT *?*

À mon grand soulagement, il a ouvert les yeux avant l'arrivée de l'infirmière. Le visage dégoulinant de sang, il a eu le temps de dire en chevrotant :

— Tout va bien. C'est pas grave. Il l'a pas fait exprès.

Puis les pompiers l'ont emmené aux urgences. J'étais trop choqué par ce que je venais de faire pour apprécier cette preuve d'amitié. Même à l'article de la mort, mon ami avait essayé de minimiser ma faute.

Mais bien sûr, cela ne servait à rien. J'allais devoir payer pour ça. L'incroyable Dylan avait encore frappé.

État des troupes à l'issue de la bataille :

- Ma photocopie, qui avait pour titre *L'évasion de Dantès*, a disparu, emportée par le vent. On ne l'a jamais retrouvée.
- On a dû faire six points de suture à Martin. Son arcade sourcilière barrée d'une entaille lui donne un air très *bad boy*.
- L'histoire a fait le tour du collège et j'ai atteint le grade de guignol première catégorie.
- Mme Trape, à défaut de m'enfermer dans un cachot, m'a collé un conseil de discipline.
- C'est là que j'ai été renvoyé trois jours.

Mutinerie

Après le conseil, je me suis retourné sans arrêt dans mon lit, au point que ma vieille chatte, qui dormait d'habitude lovée contre mes pieds, a décampé. J'avais oublié de fermer les volets avec le loquet et la lune éclairait une partie de la pièce, lui donnant une ambiance tamisée qui aurait pu être apaisante si je n'avais pas été aussi énervé. Je ne cessais de rejouer en boucle la scène qui s'était déroulée cinq jours plus tôt et je me demandais comment j'avais pu en arriver là. Parce qu'il me fallait bien admettre une vérité simple : j'avais pété les plombs. La catastrophe aurait-elle pu être évitée ? En toute honnêteté, je savais bien que non.

J'ai passé mon année de sixième à avoir honte de ma lenteur, honte de ma différence, honte d'être moi. Puis tout a changé. J'ai abordé la rentrée suivante à la manière d'un pirate qui prépare l'attaque d'un navire ennemi. Dès la première semaine, mon professeur principal a pris rendez-vous avec mes parents.

— La MDPH nous a contactés. Il semble que la dyslexie de Dylan ait été prise en charge très tôt, ce qui est une bonne chose, a-t-il dit.

Il me regardait mais j'avais plaqué une porte de prison sur ma figure. Je laissais mes parents s'exprimer à ma place. Maman a expliqué mon parcours, en soulignant les progrès accomplis, avant de poursuivre :

— Malheureusement, l'orthophoniste qui l'a suivi vient de partir. Et Dylan refuse de travailler avec quelqu'un d'autre.

Elle a marqué une pause, une brèche dans laquelle j'aurais pu me faufiler. J'ai continué à me taire.

— Nous avons voulu l'obliger à effectuer des séances avec la personne conseillée par Mlle Clairet…

Sa voix est allée decrescendo.

— Mais cela ne s'est pas très bien passé…

Pas très bien passé, c'était un euphémisme. Disons que je ne m'étais pas montré franchement coopératif avec M. Thomas. D'abord, il y avait eu la punaise sur sa chaise. Un classique, pas très original mais efficace. Ensuite, j'avais fait le perroquet, répétant la moindre de ses paroles. Puis le jeu du silence. C'est celui qui cause le premier qui a perdu.

Cet orthophoniste était peut-être sympa, mais je ne voulais plus d'aide extérieure. J'en avais marre d'être considéré comme quelqu'un qu'il fallait à tout prix rééduquer.

Plongé dans le souvenir de la rencontre avec M. Thomas, j'ai mis un moment à remarquer que mon prof s'était arrêté de parler. Il me fixait, attendant une réponse.

— Vous pourriez répéter ? ai-je lâché.

— J'étais en train de t'expliquer que nous allions remettre en place un Plan d'Accompagnement Personnalisé.

— Je préfère pas, monsieur.

Il était comme tous les enseignants, plein de bonne volonté, convaincu que « je pouvais mieux faire », qu'il suffisait « d'être persévérant et plus régulier dans mon travail personnel ». Ces commentaires qui parsemaient mes bulletins me rendaient dingue. À chaque fois, le coup faisait mouche. Ma mère ouvrait l'enveloppe en premier, elle ne disait rien mais je voyais bien qu'elle était découragée ; ensuite, mon père parcourait le bulletin, très vite, comme on avale un truc amer. Quand venait mon tour, je ricanais pour ne pas pleurer.

Alors les plans tirés sur la comète pour soi-disant m'aider, il pouvait se les garder. Sans état d'âme, j'ai tout envoyé balader. *Ciao* le PAP. *Bye bye* la MDPH.

Mutinerie générale, hissez haut le drapeau noir.

— D'accord, a soupiré mon prof principal. Nous ne pouvons pas t'imposer un dispositif de soutien si tu refuses notre aide.

C'est la raison pour laquelle mes profs ne sont plus au courant de ma dyslexie. Je préfère qu'ils me traitent comme les autres, au risque de me retrouver en train de lire à haute voix devant toute la classe. Mais bon, c'est le prix à payer, alors je passe à la caisse quand il faut.

Mon prof a dit son dernier mot :

— Sache néanmoins que tu peux y réfléchir et venir en discuter avec moi.

J'ai bien vu qu'il ne comprenait pas. Il ne savait pas ce que je savais, moi.

J'avais déjà essayé, et ça n'avait pas marché.

Praliné-avocat

Le lendemain de mon renvoi, mes amis ont défilé à la maison avec des mines d'enterrement. Ils me tapaient dans le dos avec une expression de circonstance qui disait « J'ai de la peine pour toi » et « Ce n'est qu'un mauvais moment à passer ». Pire qu'un cortège funèbre.

— Eh ! détendez-vous les gars ! ai-je fait. On dirait un jour boudin-épinards à la cantine !

Martin, arrivé le premier, m'a dévisagé avec ses yeux clairs, comme s'il en savait plus long sur moi que je ne l'aurais souhaité, ce qui était probablement le cas. Il a ce regard franc qui met tout de suite à l'aise, et souvent, il endosse le rôle de confident. Les gens lui dévoilent leurs faiblesses sans se douter que ce qu'ils lui confient est gravé à vie sur son disque dur. Il enregistre et emmagasine tout : il a une mémoire « mnésique ». Il est capable de restituer le moindre détail de ce qu'il voit, entend ou lit, et il a la sagesse de ne pas étaler son savoir comme de la confiture.

— N'empêche, a-t-il dit, si moi, j'avais été exclu du collège, mes parents m'auraient tué. Et ils m'auraient torturé avant, c'est sûr !

— Ouais, ben les miens, ils étaient pas ravis non plus.

Face à mon meilleur ami, balafré par mes soins, je n'ai pas eu envie d'aller plus loin. Je savais bien qu'il aurait tout décortiqué, sans doute m'aurait-il bien conseillé. Mais ce qui s'était passé avec mon père, je n'étais pas prêt à le digérer, alors de là à le partager…

L'entrée fracassante de Pauline m'a servi de diversion. Bizarrement, c'est elle, la dure à cuire de notre trio. Martin est le sage, et moi… je suis moi. Elle s'est autoproclamée « fille manquée » parce qu'elle a déboulé dans la vie de ses parents par accident. Après trois garçons, ils avaient abandonné l'espoir d'avoir une fille et se sont réjouis de ce bonheur. Pas longtemps. Ils ont rapidement déchanté car au lieu d'une douce princesse, ils avaient mis au monde la plus téméraire de leur quatuor. Ils ont vite abandonné l'idée de lui mettre des robes et banni les paillettes de ses vêtements. Elle porte les cheveux courts parce qu'à cinq ans, pour éviter que ses frères ne lui tirent les tresses, elle a pris une paire de ciseaux.

Elle est comme ça Paul. Entière et sans concession. Dans son monde, il n'y a pas de gris, juste du noir ou du blanc, et surtout pas de rose. Lorsque vous avez la chance qu'elle soit votre amie, vous savez que vous pouvez compter sur elle, envers et contre tout.

D'ailleurs, elle avait apporté l'antidote parfait : des petits gâteaux faits maison, un peu magiques parce qu'ils ont effacé ma folle envie de m'apitoyer sur mon sort. Quand on voit Pauline pour la première fois, avec sa coiffure en bataille, ses bras minces et musclés, et ses jeans déchirés, on ne soupçonne pas une seconde sa délicatesse pâtissière. Une guerrière manga fin cordon-bleu.

Je ne pense pas exagérer une seconde si j'affirme que ses gâteaux sont divins. Tout ça parce que sa mère l'a obligée à apprendre la cuisine, comme elle l'avait fait pour chacun de ses frères. Dans une grande famille, disait-elle, tout le monde met la main à la pâte. Pendant des années, elle lui a inculqué les bases, l'obligeant à préparer des repas. Et alors qu'elle s'appliquait à en faire une bonne élève, Pauline pratiquait la cuisine buissonnière. Elle ne suivait jamais un livre de recettes, créant à l'instinct des associations aussi improbables que délicieuses. Elle me fait penser à un peintre qui puise dans sa palette pour inventer de nouvelles couleurs. L'avocat marié avec le miel et le chèvre, la fraise avec le poivre et le vinaigre.

Paul dit qu'elle « aime encore mieux cuisiner que passer la tondeuse », mais ses yeux s'allument d'un éclat nouveau. Même à Martin et moi, elle ne veut pas avouer la vérité. Pauline adore ces instants et pas seulement parce que cela la distingue de ses frères qui sont bien moins doués qu'elle.

Puis récemment, elle a eu une révélation. Pour son anniversaire, ses parents l'ont emmenée dans un restaurant gastronomique.

— Je vous jure, j'ai failli tomber de ma chaise, nous a-t-elle raconté une énième fois. C'était trop bon ! Quand le chef est venu saluer les clients à la fin de la soirée, tout le monde a applaudi !

— Pourtant, tu détestes ça, porter un tablier, s'est risqué Martin.

Elle lui a infligé un regard méprisant.

— Non mais t'as rien compris à ce que je viens d'expliquer ! Je croyais que c'était toi le plus intelligent de nous trois. Ce que je veux, moi, ce n'est pas être derrière les fourneaux à faire la popote de tous les jours.

Elle a pris une grande inspiration pour déclamer :

— Je veux être une star, je veux inventer des trucs qui t'explosent les papilles. Je décrocherai une étoile avant mes vingt-cinq ans !

Martin, qui venait de se faire rembarrer, a eu la finesse de n'ajouter aucun commentaire. Quant à moi, j'étais bien trop occupé à sucrer mes neurones en savourant mon paris-brest praliné-avocat. C'est bien connu qu'il est malpoli de parler la bouche pleine.

En plus Pauline, ses étoiles, elle les a déjà dans les yeux.

Ce jour-là, je n'ai pas raconté ce qui me tourmentait. Mais bizarrement, après le départ de mes amis, j'étais réconforté. J'ai une théorie sur notre amitié : Martin, Paul et moi, on est comme les plats qu'elle invente : un assemblage incongru de saveurs opposées qui, une fois réunies, se lient merveilleusement bien.

Des chiffres et des maux

Face à Pauline et Martin, je n'ai pas voulu entrer dans les détails. Les paroles prononcées par mon père ont pourtant laissé des traces indélébiles. Il n'a jamais levé la main sur moi, mais ses mots m'ont frappé aussi sûrement que des coups de ceinture. Il paraît que les bleus au cœur sont de ces cicatrices qui ne s'effacent pas.

Dans la voiture, en rentrant du conseil de discipline, maman et moi avons fait le trajet dans un silence à couper au couteau. Alors que nous arrivions à la maison, elle a stoppé le moteur en restant là, immobile. Elle m'a interrogé en regardant droit devant elle, comme si elle ne supportait plus de me voir.

— Dylan, dis-moi ce qui t'a poussé à faire ça. Cette violence ne te ressemble pas. Je ne te reconnais plus depuis quelque temps.

J'ai senti les larmes perler à mes paupières et j'ai cligné des yeux très fort, en leur ordonnant de ne pas couler.

— C'était un accident Mom, je te jure. Je n'ai jamais eu l'intention de blesser Martin.

— Mais pourquoi diable as-tu eu l'idée d'ouvrir cette fenêtre en plein cours ? Et pourquoi as-tu refusé d'obéir à ton professeur ?

— …

— Je ne te comprends pas. Tu t'énerves dès qu'on te demande de participer en classe. Tu provoques tes enseignants, tu te moques d'eux. Cette Mme Nas ne me paraît quand même pas si terrible !

Le ton de sa voix avait grimpé et je voyais sa colère à la manière dont elle crispait les mains sur le volant. La vague qui menaçait de me submerger a déferlé sur moi et je me suis mis à pleurer à gros hoquets, comme un bébé.

Je n'avais pas les mots pour lui dire ce que je ressentais de façon si implacable. D'abord, il y avait eu la peur de ne pas être à la hauteur ; puis, juste après, l'accablement devant mes échecs répétés. Cette certitude de n'être bon à rien.

Des effluves de lilas m'ont enveloppé mêlés à une légère odeur d'hôpital. Son manteau gardait toujours la trace de ses nuits de garde. Ses cheveux faisaient un écran devant son visage et elle gardait la tête baissée.

— Arrête, Dylan. Ça ne sert à rien de pleurer. Le mal est fait et on ne peut pas revenir en arrière.

— Pardon, maman. Je suis désolé.

Ma mère n'a pas eu le temps de répondre. La lumière du perron s'est allumée, mon père nous attendait et je craignais d'affronter sa réaction. Maman est sortie de la voiture.

— Maintenant, il est temps d'assumer tes erreurs.

On s'est avancés jusqu'à la porte. L'ombre de mon père s'étendait sur moi.

— Alors ? a-t-il demandé.

— Exclusion de trois jours, ai-je lâché d'une voix à peine audible.

Le son butait pour sortir de ma gorge, tellement elle était nouée.

Sans rien dire, il a tourné le dos et s'est engouffré dans la maison d'un pas vif. Sa colère silencieuse vibrait dans l'air, j'aurais préféré qu'il s'emporte, qu'il crie, qu'il me hurle dessus. Tout, plutôt que cette tension muette qui me condamnait mieux que le pire des sermons.

Plus tard, tandis que je me retournais dans mon lit, n'arrivant pas à trouver le sommeil, j'ai entendu des éclats de voix. À pas de loup, je me suis faufilé hors de ma chambre, j'ai descendu l'escalier et me suis posté sur les premières marches. Quand j'étais tout petit, c'était mon endroit préféré pour jouer à espionner les adultes. Déguisé en ninja, je me cachais et écoutais leurs conversations étouffées. Mon costume noir trop grand m'enveloppait jusqu'aux pieds et la cagoule me laissait juste assez d'espace pour respirer. Je me croyais invisible et je devais me retenir de rire pour ne pas me faire repérer.

Ce soir-là, ce n'était pas un jeu. Tapi dans l'obscurité, j'ai ouvert grand les yeux et les oreilles. Il y avait de la lumière dans le salon. J'apercevais mes parents qui se faisaient face, en ennemis. Ils s'affrontaient, se jetant des questions comme des poignards, sans jamais y répondre. J'ai compris qu'on parlait de moi ; je suis leur sujet de dispute favori.

— Tu crois vraiment que je ne sais pas à quel point la situation est grave ? Il est exclu pour trois jours. S'il continue comme ça, il va finir par se faire virer définitivement, disait ma mère.

— Mais qu'est-ce qu'on va faire de lui ? Il a des résultats minables, et pas une once de maturité, renchérissait mon père.

— Tu racontes n'importe quoi, là ! Il se comporte comme un gamin ? C'en est un, je te signale. Le vrai problème, c'est qu'il a complètement décroché. Il n'est plus motivé par rien.

— Motivé ! Parce qu'il faut être motivé maintenant ! À son âge, je faisais ce qu'on attendait de moi, un point c'est tout. Je bossais parce qu'il le fallait, je n'étais pas un gosse sans cervelle.

— Non, mais ça ne va pas bien de dire des trucs pareils ! Tu oublies qu'il est dyslexique, c'est dur pour lui. Ce handicap ne lui facilite pas les choses.

Les paroles de mon père ont explosé hors de sa bouche, me faisant si mal que j'ai manqué crier.

— Mon fils n'est pas un HANDICAPÉ ! Il est trop… trop mou ou trop feignant pour se battre, c'est tout !

Les mots m'ont cisaillé le cœur, mes oreilles ont bourdonné et je n'ai pas saisi la réponse de ma mère. Je l'ai vue se tourner mais je n'entendais plus rien. C'était comme quand on baisse le son de la télé, on a l'image, mais on n'arrive plus à capter les dialogues. J'ai senti la nausée m'envahir, je suis remonté à tâtons en m'agrippant à la rampe. Le sol tanguait et j'ai atteint ma chambre avec l'impression d'être ivre.

Allongé sur mon lit, j'ai attendu que le malaise s'estompe. Un souvenir est revenu à la surface. J'avais peut-être huit ou neuf ans. Je tentais de mémoriser mes tables de multiplication, et je n'en étais pas au premier essai. Cela faisait des mois que je m'escrimais : les nombres s'embroussaillaient dans ma tête et formaient une bobine de fils serrés, impossibles à démêler.

Depuis, j'ai compris que je ne saurais jamais mes tables par cœur. Mlle Clairet m'a expliqué qu'un dyslexique possède moins d'automatismes qu'un autre enfant. Je suis capable de calculer un produit, bien sûr, mais cela me demande plus de temps. Pour arriver au résultat, je dois utiliser une de mes « astuces », je contourne la difficulté.

Par exemple, pour 7 × 9, je fais :

7 × 10 = 70

puis 70 – 7 = 63.

Ou comment passer par des détours pour aller tout droit.

Mon père assis à mes côtés dans la cuisine s'évertuait à me faire répéter une énième fois cette fichue table de 7.

— Allez Dylan. On reprend : 7 × 3 ?

— Euh… 21.

— Bien ! s'était-il exclamé, comme si je venais de marquer un but.

— 7 × 6 ?

— …

— 7 × 6 ? avait-il répété au cas où je n'aurais pas bien entendu.

Croyait-il vraiment que c'était un problème d'audition ?

— 42, voyons ! On vient de le dire il n'y a pas trois minutes !

Il avait poussé un soupir en se pinçant l'arête du nez. En langage corporel, on peut traduire ça par : j'en ai marre mais je vais rester CALME. J'ai ouvert grand les écoutilles et attendu le projectile suivant, paré pour rattraper la balle au vol.

— Allez on réessaie : 7 × 8 ?

— …

Il me fixait comme s'il essayait de m'envoyer la réponse par télépathie. Je ne devais pas être réceptif parce que ça n'a pas marché. Il s'est levé brusquement, a quitté la pièce d'un pas furieux. Je suis resté là, attablé devant mon cahier retourné à l'envers.

S'il fallait mener une enquête, récolter des indices pour retrouver la scène de crime originelle, ce serait cet instant. Quand j'ai pris conscience de la déception de mon père. Je ne me suis pas seulement senti humilié, j'ai surtout intégré, avec toutes les fibres de mon être, que je ne serais jamais à la hauteur de ses espérances.

Le pire, c'est que je le comprends très bien. Mon père gère l'import-export d'une multinationale. Il passe ses journées à compter les entrées et les sorties, à jongler avec les chiffres. C'est un acrobate qui pratique la haute voltige et moi, j'ai les pieds dans le vide et toujours peur de tomber.

Édifiant

J'ai eu du mal à fermer l'œil, j'ai passé la nuit à cogiter. J'appréhendais mon retour au collège. Trois petits jours d'exclusion et je me sentais déconnecté du monde extérieur. Un élancement sourd s'insinuait dans mon crâne, migrant jusqu'à mes tempes, j'avais la tête prise dans un étau. Dans cette journée grise, j'aurais voulu n'être qu'une ombre, une tache à peine visible sur le sol. Pourtant, lorsque je suis descendu du bus, j'ai senti les regards peser sur moi. J'ai eu l'impression qu'ils avaient tous quelque chose à dire sur mon passage. Je me suis dépêché de me ranger devant mon numéro de classe dans la cour.

Martin est venu me faire un check et je me suis senti un peu mieux d'être deux. Une grosse tape dans le dos m'a fait sursauter :

— Alors, mon pote ! T'es sorti de taule ?

Sacha, un gars de ma classe, me souriait d'un air complice. Pourtant, on ne s'était jamais vraiment parlé avant. Il s'est placé entre mon ami et moi, comme si Martin n'avait pas plus d'importance qu'un insecte qu'on chasse d'un revers de main.

— Eh ben, tu dis rien ? Tu dois avoir les boules de revenir au bahut. T'as trop de chance, trois jours de vacances loin du bagne ! Faudrait que je fasse un coup d'État moi aussi !

Il a été pris d'une crise de fou rire qui s'est propagée dans tout le rang.

— T'aurais vu sa tronche, à « la Naze », quand tu as largué ta feuille par la fenêtre !

Tout le monde me regardait franchement à présent. Je n'étais pas parano, j'étais bien au centre de l'attention. J'ai haussé les épaules, parce que je ne savais pas quoi faire d'autre. Pauline, à quelques mètres de moi, m'a adressé un petit signe de la main. Ses cheveux étaient en pétard, comme d'habitude, et ses yeux dorés brillaient dans ma direction.

J'étais en train de comprendre que mon « exploit » avait changé la donne. Avant, je n'étais qu'un garçon ordinaire, un peu guignol, un peu nul. Mes petites bêtises de l'an passé n'avaient pas réussi là où mon renvoi me propulsait. À présent, les cartes avaient été redistribuées : j'étais devenu le mec-qui-a-décroché-la-porte-et-flingué-le-cours-de-la-nouvelle-prof. Voilà à quoi se résumait mon identité.

En début d'après-midi, est arrivée l'heure de français. Je redoutais de me retrouver face à Mme Nas. Je me disais qu'elle me ferait sans doute payer mon attitude. « Dans la vie, chaque acte a un prix », serinent mes parents. À ma grande surprise, elle m'a dit bonjour comme s'il ne s'était rien passé.

Pas rancunière ! Un point pour elle.

Le cours a commencé, on travaillait sur les propositions subordonnées. La prof a déclaré qu'on allait récapituler tout ce qu'on avait appris l'an dernier, avant d'aller plus loin.

— Qui veut nous dire de quoi il se souvient ?

Des mains se sont levées, je n'ai pas bougé le petit doigt. Elle a inscrit au tableau les réponses des élèves.

— C'est bien, on a maintenant une vision d'ensemble de vos acquis.

Je ne comprenais rien à ce charabia : « Subordonnée relative ? Conjonctive ? » C'était du français langue étrangère, je me sentais comme un crétin de touriste dans un pays inconnu.

De temps en temps, la prof me regardait, sûrement pour vérifier que je n'allais pas tout à coup sauter par la fenêtre ou me lever pour effacer le tableau. Elle devait me croire capable du pire. Les autres aussi m'avaient à l'œil. Ils attendaient sans doute que je fasse mon incroyable Dylan. Mais j'étais bien décidé à laisser couler. J'allais me faire tout petit, et on m'oublierait.

Sacha, placé dans la rangée sur ma droite, a semblé déçu. Alors, il est passé à l'offensive. Je l'ai vu gribouiller quelque chose sur un bout de papier et le refiler à son voisin, le grand mince avec un nez disproportionné au-dessus d'une bouche minuscule. Il s'est esclaffé avant d'ajouter une phrase et de passer à son tour. C'était quoi ça ? J'ai continué d'écouter plus ou moins le cours, qui portait sur la proposition interrogative indirecte, tout en surveillant à la dérobée le petit manège de la feuille. Elle passait de main en main et arrivait dangereusement dans ma direction. J'ai vu atterrir la boule de papier sur ma table et je n'ai pu l'ignorer. Le plus discrètement possible, je l'ai dépliée en la dissimulant derrière ma trousse.

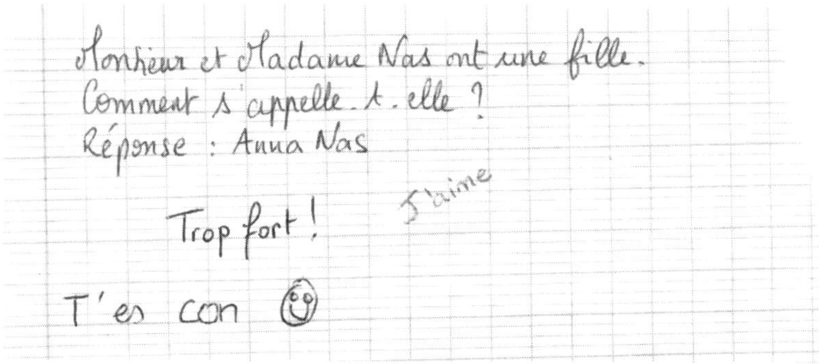
Monsieur et Madame Nas ont une fille.
Comment s'appelle-t-elle ?
Réponse : Anna Nas

Trop fort !
J'aime

T'es con ☺

D'autres avaient tenté de faire des jeux de mots, mais aucun ne collait vraiment :

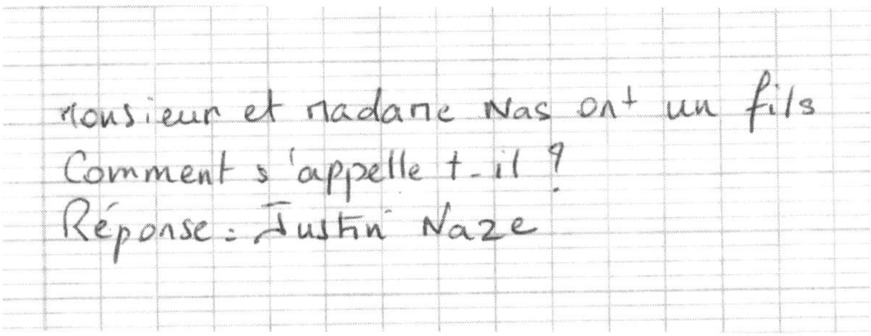
monsieur et madame Nas ont un fils
Comment s'appelle t-il ?
Réponse : Justin Naze

Un dessin qui représentait notre prof illustrait la blague. Elle était perchée sur des talons hauts, avec des seins énormes et un grand nez. Le pif aurait mieux convenu à l'abruti qui se tordait de rire à côté de Sacha.

Perso, j'ai trouvé ça plutôt comique mais la prof m'observait d'un peu trop près à mon goût. J'ai caché le mot, elle s'est approchée et j'ai juste eu le temps de chiffonner le papier pour le larguer en zone libre. Pas de bol, il a atterri quasiment à ses pieds et elle n'a eu qu'à se baisser pour le ramasser. Vu mes compétences en sport, ça ne m'a pas plus étonné que ça.

Encore un dysfonctionnement.

J'ai toujours eu beaucoup de mal à évaluer les distances. Il n'y a qu'à voir mes performances en basket, je vise toujours à côté. Quand il faut constituer des équipes, le coach désigne deux capitaines qui doivent choisir leurs joueurs. Inévitablement, personne ne me sélectionne, et je reste toujours avec les derniers clampins, ceux dont personne ne veut. Une fois, je suis même passé après une fille avec de grosses lunettes de myope. Je me sentais si nul que j'aurais voulu me mettre à la poubelle.

Enfin bref.

Pour l'heure, Mme Nas a récupéré le papier, l'a lentement déplié et a pris connaissance de son contenu.

Elle aurait pu rougir d'embarras. Ou bien se mettre en rogne. Mais non.

Elle a seulement demandé :

— À qui appartient cet objet volant non identifié ?

Personne n'a répondu. Je n'ai rien dit non plus, je n'allais pas jouer les balances. Je me doutais pourtant que je serais le seul à prendre et ça me déprimait d'avance, mon père allait encore apprécier que je ramène une punition.

La prof a dit :

— Bon, puisque personne n'a le courage de prendre ses responsabilités...

Elle nous a toisés, en regardant avec insistance dans ma direction. Évidemment.

— Puisque c'est comme ça, je vais vous lire ce qui est écrit, ce serait dommage de s'en priver, vu la grande qualité de ce message. Un vrai chef-d'œuvre !

Elle a dit ça d'un air pince-sans-rire, comme si elle était vraiment sérieuse, alors que je voyais bien qu'elle se moquait des auteurs du mot. Elle a pris une grande inspiration et a déclamé le texte. Tout le monde se marrait. Avec un sourire en coin, elle a déclaré d'un ton faussement admiratif :

— Vraiment, quel style ! Quelle finesse ! C'est tout simplement « édifiant » ! Savez-vous ce que ce mot veut dire ?

Personne ne savait. Imperturbable, elle a poursuivi en ignorant les rires et a écrit en majuscules au tableau :

« ÉDIFIANT »

— Cela signifie qu'on peut tirer un enseignement de quelque chose.

Et là, elle nous a tous scotchés ; avec de belles lettres rondes, elle a ensuite inscrit cette phrase : « Monsieur et madame Nas ont une fille qui s'appelle Anna. »

— Est-ce que quelqu'un serait capable de me dire où est la proposition subordonnée dans cette phrase ?

Martin, qui est toujours au taquet, a levé la main.

— *qui s'appelle Anna*, m'dame. On repère la subordonnée parce qu'elle commence par « qui ».

— Bien… Et qui peut dire si c'est une relative ou une conjonctive, et pourquoi ?

— C'est une relative parce qu'elle donne des infos sur le nom « fille », a renchéri Manon, la principale concurrente de Martin.

— Bravo ! Vous avez tout compris !

Mme Nas semblait ravie et, moi, j'étais bouche bée. Elle avait réussi à se mettre toute la classe dans la poche.

Elle aurait pu péter les plombs. Au lieu de ça, elle avait transformé un laborieux cours de grammaire (le PIRE cours de français, selon moi) en un moment agréable. En plus, j'avais miraculeusement compris son explication.

Encore un point pour la prof. Échec et mat.

Secret

Le lendemain matin, Martin m'attendait à notre place habituelle, au fond de la cour derrière la table de ping-pong. On a à peine eu le temps de se dire bonjour que Sacha a débarqué avec son inséparable ami.

— Eh ! mec, c'est cool ?

Il a poussé Martin pour s'installer à mes côtés. Apparemment, j'étais devenu son grand pote et l'épisode du mot avec les *Monsieur-Madame* n'avait rien changé. Alors qu'il me racontait son week-end, j'ai échangé un regard complice avec Martin, cramponné à l'extrémité du banc. Notre banc.

Le copain de Sacha, le grand maigre au nez busqué, a sorti un paquet de cigarettes de son blouson. En jetant des coups d'œil furtifs autour de lui, il a entrepris d'en allumer une, à l'abri de sa capuche qu'il avait rabattue sur sa tête. La fumée formait un petit nuage au-dessus de lui. Tout naturellement, il a fait circuler la clope. Sacha a aspiré de grandes bouffées et me l'a tendue. Je n'ai hésité qu'une seconde, après tout, je n'allais pas mourir idiot. J'ai inspiré et craché la fumée en me retenant de tousser. Franchement, ce n'était pas terrible, c'était âpre et brûlant, ma gorge me piquait horriblement.

— C'est quand même pas la première fois ? s'est moqué Sacha avec un rire idiot.

— Nan, t'es sérieux ? C'est juste que je ne fume pas cette marque d'habitude.

Je préfère largement le chocolat, mais je ne l'ai pas dit à voix haute.

— Et de toute manière, ça fait des mois que j'essaie d'arrêter, alors tu vas pas me prendre la tête avec ça !

Il a écarté les mains en signe de reddition.

— T'inquiète, Guignol, c'est ta *life*, tu fais c'que tu veux.

En entendant ce surnom, je me suis efforcé de ne rien laisser paraître. J'en avais horreur, mais depuis la cinquième, il me collait à la peau comme de la glu. Vu ma récente popularité, cela n'était pas prêt de finir !

Sacha a tiré les dernières bouffées, si ça continuait, il allait même fumer le mégot. Il l'a envoyé d'une pichenette dans les buissons. J'ai remarqué qu'il n'avait rien proposé à Martin.

— Dis donc, elle est vraiment bonne ce matin, ta copine !

J'ai observé Pauline avancer vers un groupe d'amies et leur faire la bise. Ses cheveux avaient poussé pendant l'été, et bien que toujours coiffés en mèches rebelles, ils m'ont paru plus apprêtés que d'habitude. Elle était vêtue d'un jean slim et de bottes qui lui arrivaient à mi-mollet. Le froid mordant avait rosi ses joues et sa parka était fermée jusqu'au col. Elle portait des boucles d'oreilles en forme de plume (c'était nouveau, ça !). C'est vrai qu'elle était plutôt mignonne, mais je ne sais pas pourquoi, la réflexion de Sacha m'a agacé. Je lui ai balancé un coup de coude furieux :

— Eh ! Tu fais gaffe quand tu parles d'elle ! Elle est comme ma sœur, alors tu lui manques pas de respect !

Mon amie a stoppé net. Est-ce qu'elle avait entendu la remarque macho de Sacha ?

Celui-ci a levé les mains en l'air, genre « je me rends » :

— Détends-toi, mec, je savais pas que c'était chasse gardée !

Paul se tenait bien droite, avec dans les yeux une lueur triste et étonnée qui m'a mis mal à l'aise. Elle a brusquement fait demi-tour sans venir me saluer. Je voyais bien qu'elle était vexée. Pourtant, ça ne lui ressemblait pas de se défiler. D'habitude, lorsqu'un truc ne lui plaisait pas, elle fonçait dans le tas, et réfléchissait après.

Songeur, je suis allé me ranger au moment de la sonnerie, sans parvenir à accrocher une seule fois son regard. J'ai questionné Martin, il avait certainement une explication à ce comportement étrange.

— Qu'est-ce qu'il lui prend ?

Mon ami m'a fixé avec intensité.

— Ben quoi, pourquoi tu me regardes comme ça ?

— T'en as vraiment aucune idée ?

— Non, je te jure !

— Alors, je ne peux pas t'aider, a-t-il conclu d'un haussement d'épaule désinvolte.

— Mais, tu ne peux pas me laisser comme ça, je vois bien que tu SAIS ! Explique-moi, s'il te plaît !

— Si tu ne comprends pas par toi-même, je n'y peux rien.

— Mais, pourquoi…

— Bon, ça suffit maintenant ! Tu me gonfles !

Il s'est détourné, *il s'est enfui*, pressé de me distancer.

Qu'est-ce qui s'était passé ? Martin venait de me jeter comme une vieille chaussette, il n'avait pas dû apprécier que Sacha ne le calcule pas. Et surtout, il était au courant d'un problème avec Pauline et il ne me disait rien.

Pour la première fois, mes amis avaient un secret qu'ils ne voulaient pas partager avec moi.

Le blues

Quand on est en mode blues, il ne faut pas rester seul. Pourtant, c'est ce que j'ai fait. Puisque mes meilleurs potes me cachaient quelque chose, je ne voyais pas pourquoi je ferais l'effort d'aller vers eux. Et cerise sur le gâteau, j'avais cours de physique avec M. Rapt. Il était sévère et ne tolérait aucun bavardage. Tout le monde l'appelait « Raptor » parce que quand il s'en prenait à un élève, il le regardait à la manière d'un prédateur jaugeant sa proie. En quelques mots, il le mettait en pièces, aussi sûrement que l'aurait fait la mâchoire d'un dinosaure carnivore.

Je pouvais en témoigner puisque c'est à lui que je devais mon surnom débile. C'est effrayant la vitesse à laquelle ça s'était passé. La minute d'avant, j'étais Dylan, le planqué qui s'efface pour qu'on l'oublie, l'instant d'après, j'étais devenu « le Guignol ».

Nous étions au premier trimestre de cinquième et je ramais déjà. Le fait d'avoir refusé le PAP n'arrangeait pas les choses, je voyais bien que je n'avais pas le niveau. J'avais beaucoup de mal avec la lecture des tableaux et l'apprentissage des dates se révélait aussi ardu que les tables de multiplication. Le prof venait d'annoncer à la cantonade qu'il allait rendre les contrôles d'éducation civique. Ce jour-là, j'espérais un peu plus que la note médiocre habituelle. J'avais travaillé dur en reformulant tout le fil de la leçon sous forme de schéma. Le sujet, les droits de l'enfant dans le monde, m'intéressait vraiment. Je trouvais incroyable qu'au vingt-et-unième siècle, des enfants de mon âge soient obligés de travailler pour presque rien, quand ils n'étaient pas carrément réduits en esclavage.

Nous devions préparer l'évaluation en faisant des recherches pour trouver des exemples de droits bafoués. J'avais passé des heures à surfer sur Internet pour illustrer mon exposé sur le travail des enfants en Asie. Évidemment, la mise en forme était brouillonne, mes notes illisibles, mais l'essentiel était dans ma tête ; le jour du contrôle, je m'étais assez bien débrouillé. Enfin, c'est l'impression que j'avais eu. Quand Raptor s'était approché de moi, mon cœur s'était cabré. Il m'avait tendu ma feuille avec une petite grimace.

— Le sujet est plutôt bien traité… mais la forme laisse fortement à désirer. Tu pourrais faire un effort parce que dix fautes par ligne, c'est trop pour moi. Je t'ai enlevé deux points pour l'orthographe, tu n'as même pas pris la peine d'écrire correctement le titre. C'est affligeant.

Et il avait continué son chemin.

Sur la table, ma copie reposait, toute gribouillée de rouge, autant de coups de griffes qui m'égratignaient l'âme. Sur la page de garde, les premiers mots étaient soulignés plusieurs fois :

Éducation Sivic

J'avais obtenu la note de neuf sur vingt. Si je n'avais pas fait d'erreurs d'orthographe, cela aurait été mon meilleur résultat depuis le début de l'année. À cet instant, j'ai compris le sens de l'expression « avoir la haine ». J'ai refoulé la rage qui brûlait mon estomac. Je me suis mis à ricaner, trop nerveux pour me contenir. Raptor a fait volte-face et m'a considéré d'un œil meurtrier.

— Dylan, arrête de faire le guignol ! Tu t'es suffisamment fait remarquer aujourd'hui.

Mais la boule dans mon estomac refusait de disparaître, j'ai ri plus fort. M. Rapt a froncé les sourcils.

— Tu cherches les ennuis ? Je te conseille d'arrêter immédiatement !

À ce stade, même si je l'avais voulu, j'en aurais été incapable. Je riais si fort que je me tenais les côtes. Et ça faisait tellement du bien que je n'en avais rien à faire d'avoir perdu le contrôle. Les autres n'ont d'abord rien osé exprimer, par crainte des conséquences, mais bientôt, ils ont laissé échapper quelques gloussements discrets. Finalement, les rires ont enflé et la contagion s'est étendue à toute la classe. Raptor, débordé par le chahut, m'a hurlé de sortir.

J'étais parvenu à amuser tout le monde. Comme la célèbre marionnette qui distrait son public en tapant sur le gendarme avec un bâton. J'avais fait mon petit numéro, j'étais devenu « le Guignol ». Personne ne l'avait oublié, et surtout pas M. Rapt.

J'ai fermé les yeux, oubliant la salle où je me trouvais, chassant ce souvenir. Mon esprit s'engourdissait, bercé par la voix monocorde du prof. Devant moi, Martin prenait des notes, appliqué. Je ne pouvais m'empêcher de m'imaginer à sa place. Apprenant mes leçons sans peine. Multipliant facilement la table de neuf et les bonnes notes. Dévorant des trilogies d'héroic fantasy comme on savoure un bonbon. Lisant à haute voix un texte à mon père. Il ne me regarderait plus comme il me regarde parfois, quand il croit que je ne le vois pas. Mes parents se disputeraient moins. Tout ce qu'il m'aurait fallu, c'est un cerveau en bon état, pas celui de Bob l'éponge.

Pauline, elle, suivait mollement le cours. Elle n'était pas la meilleure élève, loin de là. Mais elle s'en sortait plutôt bien, sans fournir d'efforts extraordinaires. Et puis elle avait la cuisine, ce don qui la rendait particulière. Moi, j'étais totalement, absolument transparent. Sans saveur et sans odeur, je ne valais pas grand-chose.

La sonnerie a interrompu ma séance d'auto-apitoiement. Bien décidé à jouer ma blues attitude jusqu'à la dernière note, je suis sorti avec mes idées noires, sans accorder un regard à mes amis.

La galère

Dix heures tapantes, lundi matin. J'avais passé le week-end à cogiter dur, même Féline n'avait pas réussi à me réconforter. Elle et moi, on a presque le même âge. Mes parents l'ont trouvée dans un buisson à quelques mètres de la maison. Elle était pleine de puces et franchement vilaine. Maman raconte qu'elle pesait moins de quatre cents grammes. Très vite, elle a choisi de dormir dans ma chambre. Quand j'étais tout petit, je l'installais dans un petit panier fixé à l'avant de mon vélo à roulettes et elle se laissait promener sans protester. Je crois qu'elle aimait bien ça. À présent, elle est énorme et tout le temps fatiguée. Elle passe son temps à dormir et daigne parfois se déplacer jusqu'à sa gamelle de croquettes. Mes parents disent qu'on pourrait la confondre avec un coussin du canapé. Ils peuvent bien dire ce qu'ils veulent, moi j'aime plonger mes doigts dans sa fourrure soyeuse. Je la cale dans mes bras et j'écoute ses ronrons béats.

Cette fois, elle n'a pas réussi à chasser ma mauvaise humeur.

Martin m'a appelé plusieurs fois sur mon portable, et même sur le fixe, j'ai demandé à maman de dire que je n'étais pas là. « J'ai le seum », lui ai-je expliqué. Sur le moment, garder le silence m'a paru la meilleure option ; à présent, je n'étais plus sûr. Après tout, il ne s'était rien passé de grave, peut-être que je me faisais des films. Je projetais sans arrêt sur mon écran intérieur la remarque de Sacha, la fuite de Paul et les commentaires de Martin.

Il s'est approché de moi, l'air pressé.

— Eh ben, qu'est-ce qui t'arrive ? J'ai essayé de te joindre plein de fois. T'as pas eu mes messages ?

— Si, si. Je les ai eus, mais… j'avais laissé mon portable dans mon casier… et maintenant, il est déchargé.

Je ne le regardais pas en face, je ne suis pas très doué pour mythoner. Maman dit toujours qu'on lit sur mon visage comme dans un livre ouvert, ce qui est plutôt drôle quand on y pense, vu que je n'ouvre jamais un bouquin.

Il m'a scruté d'un œil soupçonneux, de celui à qui on ne la fait pas. Il m'a tapé sur l'épaule, a souri en remontant ses lunettes et j'ai su que je ne pouvais pas lui en vouloir pour quoi que ce soit. Paul venait d'apparaître dans mon champ de vision. Finalement, tout allait s'arranger. Ce petit épisode ne serait bientôt plus qu'un mauvais souvenir. J'avais passé le week-end à remâcher ma rancœur comme un vieux chewing-gum qu'on n'arrive pas à jeter mais qui n'a plus aucun goût. Si mon amie avait semblée fâchée l'autre jour, c'était probablement à cause des réflexions machos de Sacha, il n'y avait rien au monde qui l'agaçait autant.

Je la regardais dire bonjour à des filles de la classe à l'autre bout de la cour. Elle a ri et s'est tournée un instant dans notre direction. Sa tenue colorée tranchait avec mon moral, déclinaison de gris délavés. J'ai cru qu'elle allait venir s'installer à nos côtés, sur notre banc. En sixième, on avait gravé nos initiales sur le dossier. Elles s'étaient un peu effacées mais on les voyait encore sous la peinture blanche écaillée. Pauline nous a regardés brièvement en nous adressant un petit « coucou, ça va ? », puis elle nous a tourné le dos sans attendre la réponse. J'ai senti mes questions ressurgir. Elle me faisait la tête, j'en étais sûr à présent. J'avais dû pâlir, parce que Martin s'est penché vers moi avec une mine inquiète.

— Ça va ? Tu te sens bien ? On dirait que t'es sur le point de dégueuler !

La boule qui me bloquait la poitrine n'a pas reflué, mais j'ai réussi à répondre :

— Nan, tout va bien. Arrête de jouer la mère poule !

Je n'ai pas eu le temps d'ajouter quoi que ce soit, Sacha s'est pointé et s'est installé d'office sur le banc. Il m'a salué en se marrant et m'a proposé une cigarette. Finalement, il avait de bons côtés, ce mec. Il ne posait pas de questions, était toujours prêt à détendre l'ambiance. Il me faisait du bien.

J'ai pris la clope et aspiré doucement. J'avais compris la dernière fois qu'il valait mieux ne pas tout avaler d'un coup. Comme quoi, on peut tirer des leçons de ses erreurs. La fumée, âcre, s'est enroulée autour du nœud que j'avais toujours dans la gorge ; j'ai soufflé et ma peine est sortie dans un petit nuage blanc. Martin n'a fait aucun commentaire.

— Tu viens ? On va être en retard ! Si on ne se magne pas, *Ananas* va nous coller un rapport.

Depuis le cours historique où notre prof de français avait lu sans complexe le mot dans lequel on se moquait de son nom, ce surnom lui était resté.

— Ouais, j'arrive ! Tu as le feu aux fesses ou quoi ?

Il a rougi violemment et s'est éloigné. Je m'en suis voulu de me défouler sur lui. Après tout, il avait essayé d'être sympa, mais quand même, j'aurais bien voulu qu'il m'explique pourquoi Pauline me snobait. Au lieu de quoi, il préférait garder ses petits secrets pour lui. J'ai écrasé ma cigarette et suivi Sacha jusqu'à la salle de français.

Ce jour-là, on étudiait un texte de théâtre. Ananas a commencé à nous rebattre les oreilles de Molière, ce grand dramaturge français qu'il fallait absolument découvrir parce qu'il avait marqué son époque et qu'il réussissait en même temps à être intemporel. Blablabla. Il savait tout faire, cet homme-là : il écrivait ses pièces, les mettait en scène et s'accordait les premiers rôles. Blablabla. Je me suis dit qu'un type comme ça ne devait pas supporter qu'on lui vole la vedette, il voulait tout contrôler. Comme mon père. J'étais prêt à parier qu'il n'admettait pas qu'on lui résiste et qu'il valait mieux ne pas le décevoir. J'en étais là de mes pensées, quand ce que racontait la prof est parvenu à ma conscience.

— Je voulais donc vous annoncer que vendredi prochain, nous assisterons à une représentation du *Malade imaginaire*. Nous partirons en début d'après-midi et serons de retour pour l'heure des bus.

Je n'ai pu réprimer un soupir. Dans la classe, les réactions étaient partagées. Il y avait ceux qui étaient contents de manquer des heures de cours, quelle qu'en soit la raison, et ceux, moins nombreux, qui se réjouissaient carrément d'aller au théâtre. Je me trouvais pris en sandwich entre les deux, parce que sortir du collège était toujours bon à prendre… mais j'étais sûr que j'allais m'ennuyer à mort et ne rien comprendre. Les textes que nous avions étudiés m'étaient apparus aussi hermétiques que des Tupperwares. Cela promettait au mieux une bonne sieste, au pire trois heures à bâiller à m'en décrocher la mâchoire.

— C'est cool, a soufflé Martin.

— Ouais, ben moi, je trouve pas. Qu'est-ce qu'on va faire dans cette galère ?

Sur le moment, je n'ai pas saisi pourquoi il a pouffé de rire. Il a émis un petit gargouillis pour étouffer le son, mais il a failli s'étrangler, s'est mis à tousser et à virer framboise. Plus tard, il m'a expliqué que j'avais fait une référence à une célèbre scène des *Fourberies de Scapin*, une pièce de Molière justement.

C'est tout moi, ça. Je fais une remarque cultivée et je ne m'en rends même pas compte. C'est sûr que là je n'étais vraiment pas crédible, mais je n'ai pas pu m'empêcher d'être vexé. Se considérer comme un naze est une chose. Que ses amis le pensent aussi en est une autre.

Coup de théâtre

Pendant la nuit, la température avait chuté brutalement, et lorsque j'avais vu le ciel blanchir, j'avais espéré que les transports scolaires seraient annulés à cause de la neige qui s'était mise à tomber. Mais comme elle fondait dès qu'elle touchait le sol, les cars s'étaient garés comme prévu devant le collège.

Mme Nas contenait avec peine notre classe de quatrième en essayant de garder son calme.

Dans la salle de spectacle, nous étions en pleine effervescence. Elle avait insisté pour nous placer dans les rangées : « Dylan, tu restes dans les parages » – une mesure de précaution, je suppose. Elle s'était assise deux fauteuils plus loin, tandis que M. Pignon, le jeune prof de SVT venu en renfort, s'installait à l'autre extrémité. Tout le monde piaillait encore lorsque la lumière s'est éteinte. Pour la dix millième fois, elle a répété que les portables devaient être éteints. Elle semblait si tendue… Il n'y aurait pas moyen de piquer un petit somme discret comme je l'avais envisagé. Le spectacle allait être interminable.

Ce n'est pas du tout ce qui se passa.

Trois coups de bâton. Le rideau s'ouvrit sur Argan, le personnage principal, un grand bonhomme efflanqué à la peau pâle. Il était sur son lit, avec un bonnet de nuit improbable, en train de gémir parce qu'il se sentait mal. Normal, pour un malade imaginaire. J'entendis la clameur s'élever dans le rang quand Argan, pour vérifier son état de santé, fit mine de goûter le contenu de son pot de chambre. Puis les rires. Le texte que j'avais trouvé incompréhensible quand on l'avait ânonné en classe, devenait limpide sur scène. Tout entier concentré sur le jeu des acteurs, je riais, me redressais quand un nouveau personnage entrait en scène. C'était comme si je jouais moi aussi, participais à la comédie avec une intensité extraordinaire. Je sortis du théâtre tout ébloui. Sous le choc.

De retour au collège, la prof de français nous a proposé un tour de table pour que chacun partage son ressenti. C'était « pas mal » ou « plutôt marrant ». Sonny, le copain de Sacha, a ouvert les hostilités :

— C'était tout pourri, votre truc !

Mme Nas lui a demandé de s'expliquer.

— Ben, j'sais pas moi ! Y a qu'à voir les fringues qu'ils portaient ! C'est moisi !

Ça a déclenché des rires, mais soudain la prof a paru au bord de l'explosion :

— Alors, c'est tout ? Vous n'avez retenu de ces deux heures de spectacle que les vêtements qui ne sont pas assez « cool » ?

Nous l'avons regardée, les yeux ronds, elle ne s'était jamais énervée comme ça avant. Mais au fond, je la comprenais. On avait vu un truc génial, qui m'avait complètement retourné, et on n'était pas fichus d'en parler. Parce que je savais bien que, même si d'autres comme moi avaient apprécié le spectacle, jamais on n'aurait osé le dire haut et fort, on n'était pas des fayots. Moi, j'avais surtout l'impression d'être un sacré trouillard. Même Pauline, qui la ramenait tout le temps d'habitude, gardait la tête baissée.

— Pouvez-vous me dire, au moins, ce que vous avez compris de la pièce ?

Silence. Finalement, Mme Nas a juste semblé déçue. Elle s'est tournée vers le tableau et s'apprêtait à écrire quand j'ai brisé son élan en prenant le mien :

— Je pense que ceux qui étaient les plus mal fringués, c'étaient les médecins. Ils portaient tous des robes noires avec des machins qui pendouillent.

— Des jabots ? a soufflé Mme Nas.

— Ouais, si vous voulez. Des jabots. Ils étaient habillés pareil comme s'ils faisaient tous partie de la même bande, alors qu'ils ne bossaient même pas ensemble. Ils ont passé leur temps à défiler chez l'autre pigeon pour lui faire croire qu'il était vraiment malade.

Je me suis pris de plein fouet le silence ahuri des autres. Tant pis, j'avais envie d'aller jusqu'au bout. D'un ton moins assuré, j'ai dit :

— Le pauvre gars était un peu limité, à mon avis, et il gobait tout ce qu'on lui racontait. Les médecins, c'est que des arnaqueurs. Ouais, enfin, c'est ce que je pense…

Mme Nas a fait le tour de son bureau pour s'asseoir dessus.

— Eh bien ! Dylan, c'est la première fois que tu t'exprimes dans ce cours… Elle a levé le pouce. Ça valait la peine d'attendre !

J'ai eu très chaud, j'étais sûr d'être rouge vif mais aucun élève ne faisait attention à moi. C'était comme si, en prenant la parole, j'avais libéré celle des autres. Chacun avait à présent envie de donner son avis, le débat était ouvert.

De temps à autre, Mme Nas me jetait un coup d'œil. Elle souriait franchement.

Tragi-comédie

En rentrant de l'école, je me sentais tout léger. Cela faisait longtemps que ça ne m'était pas arrivé. Dans le bus, en revenant du théâtre, tout le monde avait chanté des chansons apprises en musique. Même M. Pignon s'y était mis. Il avait dormi pendant la représentation, je l'avais bien vu, vautré sur son siège et ronflant doucement.

Moi, je n'avais pas chanté. Je voyais défiler dans ma tête des extraits de la pièce, je me rejouais les scènes qui m'avaient plu. Après la représentation, les comédiens étaient venus s'installer en bord de scène et on avait un peu discuté avec eux. Ce qui était dingue, c'est qu'ils parlaient *normalement*. Ils portaient toujours leur costume, mais ils n'étaient plus dans la peau de leur personnage. Ils étaient redevenus des personnes banales. Je me demandais comment ils arrivaient à se transformer à ce point, comment ils devenaient quelqu'un d'autre.

J'ai mis la table pour le dîner, toujours en apesanteur. Je planais à cent mille, mes parents m'ont vite fait atterrir. Je n'ai pas remarqué tout de suite la tension qui régnait. Mon père avait l'air furieux mais je ne savais pas pourquoi. Ma mère a lancé le premier tir.

— Tu es encore de bonne humeur, à ce que je vois. Ces derniers temps, c'est une tronche de six pieds de long tous les jours.

Mon paternel a pris une bouchée dans son assiette, des spaghettis à la bolognaise, et a riposté illico :

— C'est pas avec ta cuisine que je vais retrouver le sourire !

C'était un coup bas. Il savait très bien que des deux, c'était lui le meilleur cuisinier. Ma mère, c'était toujours service minimum. Et puis, avec son boulot à l'hôpital (elle était chef de service), elle avait tout juste le courage d'ouvrir une boîte de sauce toute prête.

— Je te remercie pour le compliment, si tu n'es pas content, tu n'as qu'à cuisiner toi-même !

Maintenant, ils étaient deux à faire la tête. J'ai tenté de faire diversion en leur racontant ma journée. Comment leur dire l'expérience fabuleuse que je venais de vivre ?

— Vous savez, aujourd'hui, c'était vraiment cool.

— Tu peux passer le sel ? a-t-il dit à ma mère avec une grimace dégoûtée.

Elle le lui a tendu, mais ne l'a pas lâché quand il a voulu s'en emparer.

— Je ne pense pas que ça soit bon pour ton cœur. Tu sais ce que le médecin a dit.

Bientôt, ils allaient en venir aux mains pour une salière.

— Vous connaissez *Le Malade imaginaire* de Molière ?

Finalement, elle lui a laissé le sel et il en a mis plein son assiette. J'avais l'impression étrange d'être transparent. Est-ce qu'ils se rendaient compte, au moins, que j'étais là ?

— C'est une pièce qui date du dix-septième siècle. Vous réalisez qu'elle est encore jouée aujourd'hui ?

— D'abord, tu n'es jamais là, a repris ma mère. Et quand tu es là, tu fais la gueule. Il y a une raison spéciale ?

Je n'ai pas lâché prise et j'ai continué, imperturbable.

— Je pensais que je ne comprendrais rien, vu qu'ils parlent tous d'une drôle de façon. Mais ça va, finalement, c'était facile.

Papa a fusillé maman du regard en posant lentement sa fourchette. Je crois qu'il avait envie de la lui planter en plein cœur.

— Parce que maintenant, tu t'intéresses à ce que je vis ? Elle est bonne celle-là. Si je n'étais pas aussi crevé, je pourrais en rire.

C'était une cause désespérée.

Ils ne me voyaient pas, ne m'écoutaient pas. Ils jouaient une partition bien orchestrée et je n'avais pas de rôle dans leur saynète. J'ai fait une ultime tentative.

— Je pense que j'ai assuré en français. La prof nous a demandé notre avis, et j'ai participé pour une fois. J'ai vraiment adoré cette sortie au théâtre.

— Ils feraient mieux de vous donner de *vrais* cours de français, a dit mon père. À quoi ça rime, de vous promener en ville ?

Ma mère a protesté :

— Mais enfin, tu ne peux pas dire ça ! Ils ne sont pas allés au cirque mais au théâtre !

Il a pris sa serviette, s'est essuyé la bouche.

— Oui, et ton fils aurait plutôt besoin de cours de soutien. Quand on voit son niveau en orthographe…

Finalement, j'avais tort. J'avais bien un rôle dans cette comédie. Celui du minable que je serais toujours aux yeux de mon père.

Dans ma chambre, je ne suis pas parvenu à dormir. Féline, qui n'a jamais connu de problème d'insomnie, a entrouvert un œil puis s'est mise en boule. J'ai ouvert en grand la fenêtre, allumé une cigarette. La brûlure dans mes poumons a recouvert la douleur, cuisante. J'apercevais mon reflet dans le miroir de mon armoire. La fumée ne me faisait plus tousser. Peu à peu, malgré mes précautions, elle a enveloppé ma silhouette, effacé les contours. Noyé dans ce nuage brumeux, je me suis imaginé que je disparaissais.

Mes yeux m'ont piqué, mais je n'ai pas pleuré.

Les montagnes russes

Je suis allé direct me cacher au fond de la cour pour fumer une clope. Sans parler à personne. Martin avait dû enclencher son radar et sentir que ce n'était pas le moment de venir me faire la conversation. Il est resté avec Pauline et son groupe de filles. Ses nouvelles meilleures amies. Sacha, lui, m'est rentré dedans aussitôt arrivé.

— Hé ! Guignol, tu fais la gueule ?

Je lui ai craché la fumée en pleine face.

— M'appelle plus comme ça.

Du coin de l'œil, je l'ai vu allumer une cigarette. J'ai ajouté :

— Fous-moi la paix, je te dis.

J'avais seulement envie d'être seul et je ne comprenais pas pourquoi il tenait tant à être mon ami. J'ai décidé d'aller droit au but :

— Pourquoi tu veux absolument qu'on soit potes ?

Il a pris le temps de tirer une longue bouffée, avant de souffler.

— Tu t'es fait pas mal remarquer l'an dernier, a-t-il dit.

— Faut pas croire tout ce qu'on raconte !

Soudain, il a perdu son air trop sûr de lui, on aurait dit qu'il se dégonflait.

— Et puis, je sais pour ton père.

Je l'ai fixé, trop choqué pour répondre.

— Je sais que ton père n'est pas très… cool avec toi. Je t'ai entendu en parler à Martin.

J'ai bondi, hors de moi.

— Mais ça ne te regarde pas !

Pour qui il se prenait ! Je ne lui avais pas demandé de se mêler de mes affaires ! Je me suis levé, bien décidé à me tirer quand il a dit un truc. Plus bas.

— Ben mon père, c'est pareil. C'est même pire.

Il a fait le geste de boxer dans l'air. J'ai eu peur de comprendre.

— Comment ça, c'est même pire ?

Il a baissé la tête en cachant son visage, j'ai cru qu'il pleurait. Au lieu de ça, il a redressé les épaules, a collé un sourire sur sa figure.

— Mais tout ça, on s'en fout ! C'est que des conneries !

Son expression disait pourtant le contraire.

J'étais sur le point de lui demander de s'expliquer, il ne pouvait pas balancer un truc pareil et s'arrêter là. Mais tout à coup, il m'a lancé « Barre-toi », et a sauté du banc. J'ai vu la CPE s'approcher à grands pas. Trop tard. J'ai juste eu le temps d'écraser mon mégot et de le fourrer dans ma poche. Quand Mme Vacherin est arrivée près de moi, elle a plissé les yeux en humant l'air. Un chien de chasse n'aurait pas été plus à l'affût.

— Tu as fumé ?

— Nan, madame.

J'ai ouvert des mains innocentes. Elle a froncé le nez, pas convaincue du tout. Elle avait des doutes mais aucune preuve, elle m'a laissé partir.

— File, je t'ai à l'œil ! a-t-elle aboyé.

J'avais eu chaud et je n'ai pas demandé mon reste. Pauline, qui avait suivi toute la scène, s'est approchée.

— Tout va bien ?

Comme un imbécile, au lieu de baisser la garde et faire la paix, j'ai haussé les épaules et tracé mon chemin.

Il n'empêche que je l'avais échappé belle. Sacha avait eu le temps de filer mais moi j'avais failli être pris en flagrant délit. Vacherin ne me lâcherait pas de sitôt maintenant, elle pouvait se montrer aussi tenace qu'un pitbull. Déjà qu'elle ne me portait pas dans son cœur, cette histoire ne ferait que renforcer l'opinion qu'elle avait de moi.

Heureusement, on avait anglais en première heure. Ce qui voulait dire Mme Larquey. Je l'aime bien, cette prof. J'ai beau avoir des notes minables depuis la sixième, elle ne me regarde pas comme un raté. Cela fait trois ans que je l'ai, et je crois qu'elle a compris dès le début que l'*english* et moi, ça faisait deux. Il paraît que pour un dys, c'est la langue la plus difficile à apprendre.

Elle demande :

— *How are you ?*

Je lui réponds :

— *My name is Dylan.*

On pourrait dire que je tire les bons numéros, mais pas dans le bon ordre parce que franchement, « *how* » et « *who* », c'est presque la même chose. Une fois, j'ai même dit que j'étais un dieu « *a god* » alors qu'elle me demandait si j'avais un chien « *a dog* ». La classe s'est bien marrée.

Pourtant, elle ne m'a jamais tenu rigueur de mes échecs. Elle me met de sales notes, évidemment, mais dessine des smileys sur ma copie quand j'ai réussi un exercice.

Ce matin-là, elle nous a annoncé une super nouvelle. Elle organisait un voyage en Angleterre et voulait emmener notre classe. S'il restait des places disponibles, d'autres élèves de quatrième pourraient s'inscrire, mais nous étions prioritaires. Tout le monde parlait en même temps : Londres, Big Ben et le musée Harry Potter étaient au programme. J'étais carrément enthousiaste et j'ai voulu partager ma joie avec mes amis. Martin, Pauline et moi, on s'est fait un grand sourire.

— C'est trop génial, m'a soufflé Pauline, les yeux brillants.

— On va s'éclater !

— Je n'arrive pas à y croire !

Envolé le *smog* de ces dernières semaines. Entre nous, c'était à nouveau un ciel sans nuages. On allait partir ensemble ! À la sortie, on s'est réunis comme avant, sans se concerter. Paul et moi avons parlé en même temps :

— Je suis désolé…

J'ai plongé mon regard dans ses yeux noisette qui pétillaient comme du champagne.

— Je ne sais même pas pourquoi on était fâchés.

— Mais on n'était pas fâchés, c'est juste que… Tu semblais tellement proche de Sacha, tout à coup…

Alors, j'avais raison. Son attitude de rejet avait tout à voir avec Sacha. Mais avant que j'aie pu ajouter quoi que ce soit, Martin a lancé le mot de la fin. Il nous a pris tous les deux par les épaules, ce qui était un peu compliqué vu qu'il faisait une tête de moins que nous.

— Mon Dylan. Tu n'as rien compris au film, hein ? Mais on s'en fiche maintenant. Ce qui compte, c'est que je retrouve mes potes.

J'ai mesuré combien notre brouille m'avait pesé, au poids qui m'a allégé le cœur. Je suis rentré chez moi avec la sensation de flotter.

Je n'ai pas eu l'occasion d'annoncer la nouvelle à mes parents. Quand je suis arrivé, la maison était vide. J'ai trouvé un mot posé sur la table de la cuisine.

Mon chéri,
Nous rentrerons tard ce soir. Fais tes devoirs et ne passe pas la soirée devant la télé.
Tu peux te faire cuire des pâtes, il y a du gruyère dans le frigo.
Bisous. Maman.

Bizarre. Ça n'était pas dans leurs habitudes de me laisser tout seul sans prévenir. Quand ils étaient invités chez des amis, mes parents insistaient toujours pour que je vienne, même si je n'en avais pas envie. Ils me prenaient encore pour un bébé. Bien sûr, il leur arrivait de sortir parfois au restaurant, mais dans ce cas, l'événement était planifié à l'avance. Il m'est apparu brusquement que cela faisait une éternité qu'ils n'étaient pas sortis ensemble, juste tous les deux. Peut-être que cette soirée improvisée était un bon signe finalement. Pourtant, je ne parvenais pas à chasser cette idée désagréable que cela ne présageait rien de bon. C'est vrai que, vu l'ambiance qui régnait en ce moment à la maison, un tête-à-tête en amoureux n'était pas très crédible.

J'étais dans ma chambre en train d'envoyer des photos sur Snapchat à Paul et Martin quand mes parents sont rentrés. On a frappé à ma porte et maman s'est assise sur mon lit. Elle avait les yeux rouges.

— Tout s'est bien passé, mon grand ?

— Qu'est-ce qu'il y a Mom ? Tu as pleuré ?

Elle a caressé Féline qui faisait le traversin sur ma couette, mais n'a pas répondu. Ma voix s'est étranglée dans ma gorge.

— Vous allez divorcer, c'est ça ?

— Non, non !

Elle s'est levée et s'est mise à marcher de long en large.

— Je sais que ça n'est pas facile en ce moment entre ton père et moi. Mais ce n'est pas la question. En fait…

Elle cherchait ses mots.

— Ce que je veux te dire, c'est que si papa est aussi irritable ces derniers temps, c'est parce qu'il a des problèmes à son travail. Son entreprise a déjà licencié de nombreuses personnes… et il se retrouve mis au placard.

— Au placard ?

— Il vient d'être rétrogradé à un poste sans intérêt. Il se demande si on ne cherche pas à le faire démissionner.

Abasourdi, j'ai mis quelques secondes avant de réaliser le sens de ses paroles.

— Mais c'est pas juste ! Il est méga important dans cette boîte ! Il fait partie des chefs, il ne peut pas être viré !

— Les choses ne sont pas si simples. Et puis tu sais, le fait d'être à un poste de direction ne le met pas à l'abri s'ils envisagent de délocaliser.

Je ne comprenais pas. Comment mon père, si rationnel, si prévoyant, pouvait-il se trouver dans une impasse, sans solution toute tracée pour résoudre le problème ? J'ai eu envie de pleurer moi aussi. Mais je ne voulais pas causer plus de peine à maman, alors j'ai serré les dents très fort. Elle s'est ressaisie et a lancé d'un ton qui se voulait optimiste :

— De toute façon, rien n'est joué. Si ça se trouve, on se fait du souci pour rien.

Elle est partie en oubliant de m'embrasser, c'était bien la preuve qu'elle venait de me sortir un mensonge monstrueux.

J'avais l'impression d'avoir passé la journée dans un manège à sensation.

La trouille de me faire attraper par la CPE. La joie de l'annonce du voyage en Angleterre et la réconciliation avec mes amis. L'angoisse du chômage pour mon père.

Une journée en montagnes russes.

Apparences trompeuses

Les jours suivants, mon moral godillait dans mes chaussettes. Je n'en laissais rien paraître aux autres. Je n'avais pas eu le cran de leur parler de la situation de mon paternel, et les entendre évoquer le séjour en Angleterre me tailladait le cœur. Il était évident que je ne pourrais pas y aller. Vu la situation, jamais je n'irais imposer une telle dépense à mes parents. Cette réalité m'avait frappé presque immédiatement après les révélations de ma mère, et je me sentais terriblement coupable d'y avoir pensé si vite. Je n'étais qu'un sale égoïste ; je m'inquiétais d'une sortie scolaire alors que mon père était dans une passe difficile !

— Ça va pas, mec ?

Désormais Sacha et Sonny, son pote au grand pif, nous rejoignaient Martin et moi sur le banc. On se mettait tout au bout en équilibre sur le dossier, Paul et sa nouvelle copine Manon s'asseyaient sur le siège. Sacha faisait passer une cigarette, on discutait ou on jouait à Clash Royale sur nos portables. C'était plutôt cool, la bande s'agrandissait. Paul râlait à cause de la fumée et Martin s'en fichait comme de sa première paire de lunettes, vu qu'il se servait de celles qu'il avait sur le nez pour lorgner Manon.

Brune aux yeux noirs, elle était l'autre meilleure élève de la classe et en compétition perpétuelle avec lui pour décrocher le jackpot. Le score affichait généralement match nul : Martin vainqueur en français, anglais et espagnol *vs* Manon première en maths, SVT et physique. L'EPS les départageait rarement, parce que Martin jouait au hand depuis l'âge de quatre ans et Manon était une bombe en judo.

Bien sûr, mon ami ne l'aurait admis pour rien au monde, mais j'avais remarqué la façon qu'il avait de la regarder à la manière d'une formule mathématique compliquée qu'il avait envie de décrypter. À mon avis, Paul non plus n'était pas dupe, j'étais même étonné qu'elle ne lui ait pas directement posé la question. En tout cas, depuis que Manon était son amie, Pauline avait changé. Elle était toujours chaussée de ses éternelles Stan Smith mais portait parfois des jupes en jean et des boucles d'oreilles.

Je n'ai pas répondu à Sacha et on a vite changé de sujet, mais il a bien vu que ça ne tournait pas rond.

— Tu veux venir jouer à la PS demain ?

Il a écrasé son mégot et l'a planqué dans sa poche.

— Ouais, pourquoi pas ? ai-je répondu.

Tout ce qui pourrait me faire oublier mes problèmes était bienvenu.

Le samedi, on s'est retrouvés chez lui. Il habitait dans une vieille baraque au nord de Bourges et une odeur de tabac froid imprégnait les murs. On a traversé un couloir étroit et il m'a fait entrer dans sa chambre. Ça sentait la chaussette oubliée sous le lit et le cendrier était plein à ras bord.

— Tes parents te laissent fumer dans ta chambre ?

J'étais épaté parce que chez moi, ma mère m'obligeait à faire le ménage toutes les semaines et je n'avais pas intérêt à laisser traîner des fringues par terre. Elle appelait ça « des tas de souris » et si elle tolérait un peu de bazar, elle était franchement maniaque sur l'hygiène.

— Y a plus que mon père.

J'ai eu l'impression de recevoir une gifle en pleine figure. Je n'ai plus su quoi dire mais Sacha était déjà passé à autre chose.

— *Call of*, ça te va ?

On s'est vautrés sur le lit défait et on a joué pendant au moins deux heures contre des garçons qu'on ne connaissait pas. On les a ratatinés. Sacha n'arrêtait pas de faire des blagues idiotes sur le choix de leurs armes et je me suis bien amusé. J'en aurais presque oublié le voyage en Angleterre. Sacha a posé les manettes sur la télé et allumé une clope.

— Tu recommences à tirer la tronche !

— Mon père risque de perdre son taf.

J'ai tiré fort sur ma cigarette pour ne pas craquer et j'ai ajouté :

— Tu y vas, toi, en Angleterre ?

Il est allé dans la cuisine.

— Tu veux un coca ?

Il revenait déjà avec deux canettes. Sacha s'était installé dans un énorme pouf gris informe en face de moi.

— Mon vieux voulait pas que je le fasse, ce voyage. J'ai dû piquer ma crise mais c'est bon, j'y vais.

— Pourquoi il ne voulait pas, ton père ?

— Il a dit que vu mes notes, il voyait pas pourquoi il irait dépenser une blinde alors que je ne sais pas aligner trois mots d'anglais.

Il a ri.

— C'est pas faux, mais j'imagine que je n'y vais pas pour le plaisir de parler anglais.

— Si on part de là, alors moi non plus, je n'aurais rien à y faire. Mais du coup, pourquoi il a cédé ?

— On a trouvé « un arrangement », a-t-il dit en mettant les guillemets avec ses doigts.

Je l'ai regardé d'un œil interrogateur. Je ne voyais pas du tout ce que pouvait être cet arrangement. Sacha a penché sa canette pour boire la dernière goutte.

— Je lui file un coup de main sur un chantier pendant quelques semaines.

Alors là, j'étais scié.

— Tu vas bosser pour te payer le voyage ?

— Ouais. Tu sais, je ne fais que pelleter ou porter des trucs. En même temps, c'est pas la première fois. Seulement là, au moins, je vais vraiment en profiter.

Lui que je prenais pour un glandeur de première classe, il travaillait en plus du collège !

— Tu me prenais pour une feignasse, hein ?

J'ai piqué un fard d'être percé à jour mais il avait dit ça en se marrant. Il m'a demandé :

— Toi, t'y vas pas du coup ?

— Ben non.

Il a haussé les épaules d'un air fataliste. Du genre, la vie, c'est de la merde en barre, on n'y peut rien.

— Mon vieux va rentrer, a-t-il dit.

Il a jeté sa canette dans la poubelle. Panier.

— Il n'aime pas trop quand je ramène du monde à la maison, alors…

— OK, j'y vais.

J'ai posé le coca sur la table de nuit. Je ne me sentais pas moins triste mais il avait raison. Je ne pouvais rien changer à ma situation, alors ça ne servait à rien de ressasser.

Je l'ai quitté et suis rentré avec une sensation de vertige. L'après-midi avec Sacha m'avait déstabilisé. Je me suis dit que les apparences pouvaient être trompeuses. Est-ce que l'image qu'on renvoie aux autres est toujours aussi différente de ce qu'on est à l'intérieur ?

Capital chance

Au collège, j'ai décidé d'annoncer à mes amis que je ne viendrai pas avec eux en voyage. J'étais en train de me demander comment j'allais le leur apprendre quand j'ai été tiré de mes pensées par une vague d'agitation. La prof de français venait de dire quelque chose qui semblait excitant, ce qui était assez rare pour que je m'y intéresse.

— Vous pouvez réfléchir jusqu'à la fin de la semaine, ensuite les inscriptions seront closes. En attendant, je vous propose de visionner quelques scènes d'une des pièces qui pourraient être jouées.

Comme d'habitude, c'est Martin qui m'a expliqué de quoi il retournait.

— Mme Nas ouvre un club théâtre. On va jouer des extraits des pièces qu'on étudie en classe.

Il semblait vraiment emballé.

— Comment ça « on » ?

J'avais bien appuyé sur le dernier mot pour marquer ma désapprobation.

— Ben oui, « on ». Tu ne vas quand même pas nous laisser y aller sans toi ? m'a lancé Paul, en me donnant un coup de coude.

— Et puis c'est entre midi et deux, on glande toujours de toute façon.

— On va bien se marrer. T'as pas envie de jouer les stars ?

Je leur ai fait face.

— Non mais vous n'êtes pas bien dans votre tête ? Vous me voyez, moi, en train d'apprendre par cœur un texte, alors que je lis comme un pied ?

— D'abord, a fait Pauline, il n'y aura pas trop de texte, la prof va nous laisser choisir la scène qui nous plaît.

Martin a enchaîné :

— Et tu peux prendre un tout petit rôle, si tu veux.

— Tu sais bien qu'on t'aidera. On répétera tous les trois, comme avant.

Vaincu par ce tir groupé, j'ai levé les mains en signe de capitulation.

— Si je comprends bien, je n'ai pas le choix ?

— Exactement ! Ça va être génial !

Paul m'a sauté au cou, j'ai rougi et ri à la fois.

— Ça suffit ! a crié Mme Nas. Cessez vos bavardages !

La leçon a repris son cours. En mon for intérieur, je pensais que si jamais je galérais trop, je pourrais toujours abandonner. Mais leur enthousiasme était contagieux. Le souvenir du spectacle auquel on avait assisté m'est revenu en mémoire. Peut-être que ça n'allait pas être si désagréable finalement.

Alors que je m'apprêtais à sortir, Mme Nas m'a appelé. J'ai traîné les pieds pour faire demi-tour. Je m'étais encore emballé trop vite, sûr qu'elle m'avait dans le collimateur et craignait que je gâche son projet théâtre.

— Qu'est-ce que tu penses apprendre ici ?

Elle était restée à son bureau, je piétinais devant elle, dansant d'un pied sur l'autre, mal à l'aise. Où est-ce qu'elle voulait en venir ?

— Installe-toi. Je crois qu'on doit avoir une petite conversation, toi et moi.

Devant mon silence, elle a poursuivi :

— Il n'est pas question de continuer comme ça, Dylan. Tu as des obligations envers les autres et même envers toi.

— Mais j'ai rien fait !

— Je pense à ton attitude qui est très négative. J'attends de toi que tu te comportes enfin en élève. C'est-à-dire sans soupirs, sans sourires ironiques et sans remarques désobligeantes comme celles que tu penses tellement haut qu'elles s'entendent à trois kilomètres.

J'ai avalé ma salive et la colère qui montait. Il ne fallait pas que je me fasse piéger.

— J'ai compris – et on me l'a confirmé depuis – que tu es dyslexique.

Voilà, on y était.

J'étais catalogué, étiqueté, rangé dans une case.

— Alors, je te repose ma question : qu'est-ce que tu penses apprendre ici ?

— Rien, ai-je fini par lâcher. Vous l'avez dit, je suis dyslexique.

— Et alors ?

Elle faisait exprès de ne pas comprendre. J'ai haussé les épaules. Elle m'a dévisagé pendant un long moment. Qu'est-ce qu'elle attendait de moi, à la fin ?

— Je crois que nous avons mal démarré, tous les deux. Quand je t'ai demandé de lire à voix haute au début de l'année, j'ignorais tout de tes difficultés.

— Ouais, bon ben maintenant vous savez.

Donc vous pouvez m'oublier et me laisser tranquille.

— Maintenant, je sais. Et je n'ai pas l'intention de te laisser dans un coin. Mon rôle est de t'aider, mais il faut que tu te mettes au travail.

— Ça faisait longtemps que je l'avais pas entendue celle-là, ai-je marmonné.

— Oui, a-t-elle repris imperturbable, et je te la chanterai jusqu'à ce que ça te rentre dans le crâne, tu comprends ?

Je commençais à en avoir marre de cette litanie.

— C'est vous qui ne comprenez rien ! Ça ne sert à rien que je travaille ! Je suis nul en français. Nul en général. Je ne vois pas comment on pourrait y changer quelque chose !

Elle a semblé vouloir ajouter quelque chose mais s'est ravisée.

— Quel âge as-tu, exactement ?

— J'ai quatorze ans.

— Tu as quatorze ans, et tu parles comme si tu n'avais plus aucun espoir de progrès. Tu as toute la vie devant toi et tu te comportes déjà en perdant. Permets-moi de te dire que je trouve ça triste.

Elle avait les yeux brillants et parlait avec une telle ferveur que je n'ai pas su quoi répondre.

— Je ne vais pas te proposer de recette miracle. Mais il existe des solutions, tu sais. Je peux adapter mon enseignement pour te faciliter les choses. Il faut reprendre confiance, tu es capable d'y arriver si tu t'en donnes les moyens. Tu dois te laisser une chance. Tu es quelqu'un d'intelligent, tu fais souvent des remarques pertinentes et j'ai bien remarqué ton intérêt lors de la représentation. Alors... ne gâche pas tout.

Elle avait frappé fort. Je sentais s'insinuer en moi le grand méchant doute : l'année dernière, j'avais épuisé mon capital chance. Allais-je laisser passer celle-ci ?

Mme Nas s'est dirigée vers la porte.

— Je te laisse réfléchir à ce que je viens de te dire. J'espère te voir pour la première répétition. En attendant, j'ai pensé à toi.

Elle a glissé un CD dans ma main avant de refermer la porte.

C'était un livre audio : *Le Comte de Monte-Cristo*.

Un cours pas comme les autres

J'ai passé la semaine suivante à écouter le livre. Je n'avais pas vraiment l'intention d'aller jusqu'au bout, mais les paroles de la prof me trottaient dans la tête. Dans un geste de défi, j'avais enfilé le casque sur mes oreilles. J'allais lui prouver qu'elle avait tort. Je n'avais jamais été capable de finir un bouquin et elle s'imaginait que cette fois-ci ce serait différent ?

Au début, j'ai été un peu rebuté par le style de l'auteur, vraiment dépassé. Mais l'histoire pleine de rebondissements m'a captivé, au sens littéral du terme. Je suis resté des heures, les écouteurs vissés sur les oreilles.

— Arrête un peu avec ta musique ! m'a dit maman. J'aimerais bien que tu te concentres sur ton travail.

Franchement, les parents sont souvent à côté de la plaque. J'aurais pu facilement la contredire en lui révélant la vérité. Mais une certaine réserve m'a retenu. Est-ce que cela aurait été crédible si je lui avais dit que je lisais ?

Le vendredi suivant, Ananas proposait une séance de découverte. Cela nous permettrait de décider si nous voulions nous inscrire à l'atelier théâtre. Je n'avais aucune appréhension, au contraire, je devais bien avouer que j'étais curieux, voire excité, comme pour un premier rendez-vous avec une fille, encore que j'aie peu d'expérience dans ce domaine.

Toute la bande était là. D'abord, Mme Nas nous a demandé de pousser toutes les tables pour les empiler avec les chaises au fond de la salle.

— Il faut le plus d'espace possible, a-t-elle expliqué.

Nous nous sommes exécutés dans un joyeux brouhaha.

— À présent, ôtez vos chaussures et installez-vous par terre.

Voilà un cours qui me plaisait bien. Les cartables entassés dans un coin, plus de crayon, ni de livres. Juste nous, assis en tailleur. La prof s'est tranquillement déchaussée elle aussi et nous a fait face.

— Vous allez lentement vous lever, puis vous déplacer en silence dans la pièce. Le but du jeu est de remplir tout l'espace, sans laisser de vide nulle part.

Nous avons commencé à déambuler, un peu gênés de marcher sans raison. Sonny a ricané, puis a fait des bruits de bouche à chaque fois qu'il croisait le regard d'un autre.

— Monsieur Godon, je ne vous avertirai pas deux fois, l'exercice se fait en silence !

Le calme est revenu. Bizarrement, je n'avais aucune envie de faire l'andouille. C'était amusant de se concentrer pour autre chose que des maths ou de l'anglais. Sonny a repris son manège.

— STOP !!!

Le cri de Mme Nas m'a fait sursauter. Elle a dit, d'une voix douce, mais ferme :

— Sonny, tu sors immédiatement, la séance est terminée pour toi. Et je ne veux pas t'entendre. Tu peux revenir la prochaine fois, à condition de respecter les consignes.

Elle a gardé les bras croisés, lui laissant le temps de partir en grommelant. Nous n'avons pas bougé d'un pouce, statufiés par son ton péremptoire.

— Bien, a-t-elle repris en nous scrutant. Est-ce que vous vous êtes observés ? Vous avez vu la manière dont vous êtes répartis dans l'espace ?

On s'est regardés et on a éclaté de rire. Non seulement, nous étions regroupés dans un coin de la salle, mais en plus nous avions tous marché dans le même sens, comme un troupeau de moutons.

— Reprenons. Vous vous dispersez en imaginant que le plateau est une balance et qu'il faut l'équilibrer.

J'ai repris la marche en gardant toujours à l'esprit la place des autres. Dès que je voyais un espace vide, je m'y précipitais pour le combler.

Équilibrer la balance. J'aimais cette idée que nous étions une entité formée de multiples électrons tourbillonnant en harmonie.

La prof a mis ensuite de la musique et nous avons déambulé en variant les rythmes. Lent, vite. Saccadé, doux.

— À présent, fermez les yeux et en marchant tout doucement, vous allez essayer de former un cercle le plus parfait possible.

De nombreux élèves ont ricané parce qu'il fallait se donner la main. Moi, j'étais concentré ; j'avais une conscience aiguë de la position des autres, j'évoluais à pas lents, les yeux clos et les sens en éveil. J'ai pris les mains qui étaient à proximité et doucement, on s'est mis en place. En ouvrant les yeux, j'ai eu la sensation de sortir d'une bulle intérieure. Nous étions dix-sept à participer à l'atelier, pourtant, je n'ai pas été étonné de constater que nous avions formé un cercle presque parfait.

Mme Nas a ensuite délimité un espace de la classe, la « scène », et nous a demandé de nous présenter, en inventant un geste pour accompagner notre salut. Il fallait marcher, se placer au centre et affronter le regard des autres. Mon tour venu, je me suis avancé devant le groupe. Tous me regardaient, mais je n'avais pas peur. J'ai planté mes yeux dans ceux de Martin et pointé mes index au-dessus de ma tête, comme des cornes de diable. Puis, dans un decrescendo d'ado en pleine mue, j'ai lancé :

— Je m'appelle Dylan Le Roch.

Ma voix a dégouliné de l'aigu vers le grave et tout le monde a ri de bon cœur.

À la sonnerie, je n'avais pas vu qu'une heure venait de passer. Mme Nas m'a appelé alors que j'allais sortir.

— Alors, tu t'inscris ?

Je me suis tortillé, un peu gêné qu'elle me mette ainsi au pied du mur. Elle se tenait dans l'encadrement de la porte, m'empêchant de m'échapper.

— Parce que je crois que tu devrais tenter l'expérience.

Enfin, j'ai osé la regarder. Elle semblait sérieuse et me considérait avec insistance.

— Je pense que tu as une vraie présence et tu m'as paru très à l'aise. Alors, tu fais comme tu veux, mais il serait dommage qu'on n'essaie pas de creuser un peu pour voir jusqu'où tu es capable d'aller.

Comme je ne répondais toujours pas, elle s'est écartée pour me laisser le passage. Je m'y suis engouffré et je ne sais pas si elle a entendu ce que j'ai jeté comme des petits cailloux sur mon chemin :

— C'est d'accord.

Amis, ennemis

Durant les semaines qui ont suivi, j'ai eu envie de tout raconter à mes parents, pour le théâtre. Mais je ne l'ai pas fait.

C'est la peur tout d'abord qui m'en a empêché. La peur d'échouer. Je voulais être sûr d'y arriver avant de leur montrer quoi que ce soit, je les avais si souvent déçus. Ils auraient rêvé d'un fils doué, capable de briller en classe et de ramener les félicitations chaque trimestre. Mon père surtout. En plus, vu sa réaction quand j'avais mentionné le spectacle, il risquait de ne pas approuver. Il m'ordonnerait d'arrêter pour me concentrer sur l'apprentissage de mes leçons. Et puis, il avait d'autres sujets de préoccupations autrement plus importants.

Cette peur s'est muée au fil du temps en un autre sentiment, une sorte de certitude instinctive qui me disait que j'avais raison. J'aimais ce qui se passait en moi quand je jouais. J'avais le sentiment d'être un nouveau Dylan, et pas ce minable qui faisait rire les autres. Je n'avais rien éprouvé de tel auparavant, et je ne savais pas si je pouvais m'y fier. Pourtant, j'ai décidé de prendre le risque et j'ai continué à garder le secret.

Sonny et Sacha n'avaient pas remis les pieds au club théâtre.

— Ce spectacle, c'est la zone. J'aurais la tehon d'y aller, avait dit Sonny.

Il affichait un sourire aussi large que celui d'un smiley, Sacha semblait approuver.

— Pourquoi tu ne viens plus ? lui ai-je demandé un matin. Toi aussi, tu trouves ça nul ?

Il a trituré un bouton sur son menton.

— C'est pas pour moi, c'est tout.

Il ne s'est pas expliqué davantage et son pote a ricané. Évidemment, il n'était pas obligé d'apprécier le théâtre, après tout, si on m'avait dit un mois plus tôt que j'aimerais ça, j'aurai bien rigolé. Mais là, il abandonnait sans avoir vraiment essayé. Je commençais pourtant à le connaître. Je savais qu'en grattant le vernis, il avait un bon fond.

C'est pour ça que ce qui s'est passé ce vendredi-là m'a heurté comme un mur qu'on se prend à cent à l'heure.

Nous sortions de l'atelier théâtre et je m'apprêtais à rejoindre le rang, lorsque j'ai vu un attroupement qui commençait à se former. Un petit sixième, à peine plus grand qu'un nain de jardin, pleurait à verse. Il courait et sautait, au bord de la panique, en nage à force d'essayer d'attraper son ballon que des grands lui avaient piqué. Ils le tenaient en l'air, hors de sa portée, se le lançaient pour narguer le sixième. Je me suis approché.

Les grands, c'était Sonny et Sacha.

Avant que j'aie pu intervenir, Sonny a shooté de toutes ses forces, le ballon est passé par-dessus la haie qui longeait la clôture. Le gosse a crié, s'est précipité vers les buissons, mais c'était trop tard. Il ne pouvait pas sortir de l'établissement pour récupérer son ballon. Après la sortie des cours, il aurait sûrement disparu.

Les deux grands ont éclaté de rire, Sacha m'a aperçu.

— Eh mec, t'as vu la tronche du Schtroumpf ?

Le gamin pleurait à chaudes larmes, entouré de ses copains qui le consolaient.

— Pourquoi t'as fais ça ?

J'étais stupéfait qu'il puisse trouver ça drôle. Est-ce que je m'étais tellement trompé sur lui ?

Il riait encore lorsqu'il s'est aperçu que je ne partageais pas son hilarité.

— Ben parce que.

— Dis-moi pourquoi t'as fait ça !

Je voulais qu'il s'explique. Il m'a jaugé et a compris que j'étais sérieux. Sa mâchoire s'est durcie, il a plissé les yeux.

— Parce qu'on me l'a fait, à moi. Et je m'en suis remis. Chacun son tour.

Il me provoquait, les yeux pleins d'agressivité. C'était la première fois qu'il me regardait de cette manière, et ce n'était pas très rassurant. Comme j'étais déjà bien énervé aussi, je ne me suis pas laissé impressionner :

— Alors, on te fait un truc dégueulasse et tu ne trouves rien de mieux que de le faire à d'autres ? Franchement, je trouve ça complètement débile !

— Mais c'est quoi ton problème à la fin ? Tu vois bien qu'on s'amuse !

— Vous vous *amusez* ? Mais vous êtes complètement cons !

— Non mais pour qui tu te prends ? T'es qu'un sale hypocrite !

Il a continué, il était blanc de rage à présent.

— Tu crois que je ne sais pas ce que tu as dit sur moi ? Sonny m'a tout raconté.

— Quoi ?

J'étais trop ahuri pour répondre.

— Tu as dit à Martin que je vivais dans un endroit pourri. Que j'étais un loser.

— Mais non, je te jure !

Ses traits se sont figés sur un rictus de dégoût :

— Tu n'es qu'un pauvre fayot. Je n'ai rien à faire avec toi et ton *club merdique.*

Il avait pris une voix d'idiot pour dire la dernière phrase. La colère a bouillonné en moi. Ma réponse a fusé direct dans son menton. Mon côté Hulk venait de ressurgir. Je sentais mes oreilles bourdonner tandis qu'il se mettait en position de combat. Comme d'habitude, j'avais agi impulsivement. J'avais juste oublié qu'il pratiquait la boxe depuis deux ans.

Il a grogné :

— Je vais te défoncer ! Ça me fera un entraînement sur poids léger !

Il me tournait autour, les poings serrés, plus agile que sa masse ne le laissait penser. Sans que je puisse parer le coup, il m'a frappé sur le flanc gauche, a embrayé d'un direct à l'estomac. Je me suis plié en deux, cherchant à reprendre mon souffle. La douleur irradiait dans tout le haut de mon corps.

— Relève-toi, si t'es un homme, a-t-il craché en sautillant au-dessus de moi.

Je me suis péniblement redressé, bien décidé à riposter. J'ai lancé ma main le plus vite possible en direction de son visage, mais il s'est esquivé vers la droite et je n'ai fait que le frôler. Il a même eu le temps de me cogner de son autre main. C'était comme s'il savait à l'avance où j'allais porter mes coups.

On ne luttait pas à armes égales, je savais que j'étais fichu. Il m'aurait inévitablement achevé si Mme Vacherin ne s'était pas pointée à ce moment-là.

— Qu'est-ce qui se passe ici ? Vous arrêtez tout de suite !

J'ai ignoré la brûlure dans mes côtes, Sacha faisait semblant d'épousseter son blouson.

— Tout le monde dans les rangs ! a rugi la CPE, et les élèves se sont envolés comme un essaim de mouches dérangées en plein repas.

Sonny, qui avait assisté au clash sans intervenir, nous a regardés nous éloigner.

— Vous deux, dans mon bureau !

Nous l'avons suivie les lèvres serrées. Je me suis installé au bord de ma chaise, encore sous le choc.

— Je vous écoute.

Vacherin semblait attendre que je commence.

— Il n'y a rien à dire. On n'était pas d'accord, et la situation a un peu dégénéré, c'est tout.

— C'est tout ? a-t-elle repris incrédule. C'est TOUT ce que tu as à raconter ?

Elle s'est adressée à Sacha, avachi sur sa chaise, le visage verrouillé. Il a soutenu son regard insistant.

— J'ai rien de plus à ajouter.

Devant notre silence, elle a déclaré d'un ton aussi sec qu'un coup de fouet :

— Très bien. J'avais pensé que vous auriez envie de vous expliquer… mais puisque vous n'avez rien à dire pour votre défense, je vous colle quatre mercredis de suite. Vous pourrez réfléchir à votre conduite. Sachez que la violence n'est pas tolérée dans cet établissement.

Alors que nous allions partir, elle nous a retenus :

— Messieurs, si vous ne veillez pas davantage à votre comportement, vous allez au devant de graves ennuis. Vous pouvez disposer.

Dans le couloir, Sacha semblait encore sur le point d'exploser. Moi, je n'éprouvais plus que de la peine. On ne pourrait pas revenir en arrière, après ça. Et comme pour le confirmer, avant de rentrer en classe, Sacha m'a balancé « Tu vas prendre cher ! », puis il a passé la porte comme si de rien n'était.

Je n'avais pas réussi à devenir son ami, mais je venais de m'en faire un véritable ennemi.

Pauline m'attendait en cours d'anglais.

— T'as bien fait. C'est vraiment qu'un gros blaireau, ce mec. Trop facile de s'en prendre à un petit.

— Ouais, ben n'empêche qu'il m'a bien éclaté.

Mes côtes me faisaient un mal de chien.

— On s'en fout.

Elle a effleuré ma joue endolorie.

— Ce qui compte, c'est la beauté du geste. T'es un mousquetaire !

Elle m'a souri avec un mélange de fierté et un peu d'autre chose, que je n'arrivais pas à identifier.

— *Shut up !* a ordonné Mme Larquey.

On a arrêté de parler.

Bilan de la journée :

- Je m'étais fait écraser comme un moucheron dans la bagarre.
- J'avais encore des heures de colle, et il valait mieux que je m'arrange pour que mes parents ne soient pas au courant.
- Je venais de pulvériser ce qui aurait pu être de l'amitié.

Le respect

Le mercredi après-midi, je me suis présenté au collège pour purger ma colle. Mme Vacherin en personne nous surveillait, autant dire que nous ne pourrions pas bouger un cil. Elle a installé Sacha juste derrière moi, nous a distribué des copies doubles et a inscrit au tableau :

LE RESPECT.
QU'EST-CE QUE CE MOT SIGNIFIE POUR VOUS ?

— Maintenant, au travail les garçons. Et je ne veux pas vous entendre.

J'ai contenu de justesse un gros soupir. Hors de question de me faire allumer dès les premières minutes. J'ai fixé la feuille blanche, me demandant ce que j'allais bien pouvoir inventer. Au bout d'un quart d'heure, j'avais écrit en tout et pour tout trois lignes laborieuses.

— Je m'absente un moment, je n'en ai pas pour longtemps. Évidemment, je ne veux pas de bazar dès que j'ai le dos tourné.

Elle s'est dirigée vers la sortie et a lancé :

— J'ai une oreille bionique, alors pas de bruit !

J'ai retenu un sourire, pourtant elle n'avait pas l'air de plaisanter. Lorsque j'ai été sûr qu'elle était bien partie, je me suis retourné vers Sacha. Il a fait mine de m'ignorer. Lui non plus, n'avait pas gratté grand-chose.

Voyant qu'il gardait la tête obstinément baissée, j'ai fait le premier pas :

— C'est vraiment la galère, ce devoir. Je ne sais pas quoi raconter.

Il a posé son stylo tout mâchouillé, a croisé les bras.

— Mais pourquoi tu me parles ? Je croyais avoir été clair l'autre jour. Ou alors, la petite raclée ne t'a pas suffi et tu en redemandes ?

J'ai eu l'impression de me prendre une claque. Il était toujours aussi en colère. J'ai essayé de ne pas m'énerver :

— Écoute, ce n'est pas la peine de se faire la gueule. On peut en discuter. Sonny t'a raconté n'importe quoi. Je n'ai jamais bavé sur toi.

— Ah oui ? C'est bizarre mais je n'arrive pas à te croire. Je ne vois pas pourquoi il m'aurait menti. Et puis, de toute manière, c'est *toi* qui es venu chercher la merde, je te rappelle.

— C'est toi qui faisais pleurer un gamin de sixième, *je te rappelle*, ai-je dit en le singeant.

— Ouais, ben tu n'avais pas à t'en mêler. C'était pas tes oignons.

— Je n'ai pas réfléchi… Je n'ai pas supporté que tu t'en prennes à un petit.

— Comme un lâche tu veux dire ?

Il serrait les bras si fort qu'on aurait dit qu'il s'étreignait. J'ai eu l'impression désagréable qu'il n'était pas loin de m'en coller une. Je n'ai rien trouvé à lui répondre, alors il a poursuivi :

— Quand j'étais en sixième, il y avait une bande de grands qui m'embêtaient tout le temps. Tous les jours, c'était la même chose. Ils m'attendaient à la récré et j'y avais droit. « Le gros Chacha », c'est comme ça qu'ils m'appelaient. Ils me piquaient mes affaires. M'empêchaient d'aller pisser. Me doublaient dans le rang de la cantine. Me piquaient mon dessert. Tu veux que je continue ?

Éberlué, je me suis mordu la joue.

— Ça devait être horrible. Je comprends que tu aies la haine.

— Mais depuis que je fais de la boxe, on me fout la paix. Tu trouves pas ça marrant ?

Il a desserré ses poings et s'est relâché sur son dossier.

— Non, parce que je ne pige toujours pas *pourquoi* tu fais la même chose, ai-je insisté. Tu es bien placé pour savoir ce que ce gosse pouvait ressentir !

Il a dit, avec un petit sourire qui n'avait rien de souriant :

— Non, c'est sûr que tu ne piges rien. Mais alors, rien de rien. T'es qu'un minable. Je me suis trompé quand j'ai cru qu'on pouvait s'entendre. On n'est pas pareils, et on ne le sera jamais.

À ce moment-là, des talons ont claqué dans le couloir. Je me suis vite tourné face à ma feuille. Sacha, lui, s'est levé et s'est assis à l'autre bout de la pièce, le plus loin possible de moi. Mme Vacherin est entrée, a évalué la situation d'un coup d'œil et, sans faire de commentaires, s'est installée derrière son bureau.

À la fin de la séance de torture, elle nous a demandé d'échanger nos copies.

Voilà ce que j'ai écrit sur la mienne. Je passe les fautes qui rendent ma rédaction à peine lisible.

Le respect signifie beaucoup de choses. Respecter quelqu'un, ça veut dire qu'on ne lui impose pas des trucs dont il n'a pas envie. Et l'autre doit vous respecter aussi.
Ça marche dans les deux sens.
En fait, le respect, c'est ne pas faire aux autres ce qu'on n'aimerait pas qu'on vous fasse.

Voilà ce que j'ai lu dans la copie de Sacha.

Moi, je respecte ceux qui me cherchent pas. Et je me fais respecter par les autres. Parce que, dans la vie, il n'y a que deux sortes de personnes : les forts et les faibles.
C'est mon père qui me l'a appris.
L'école aussi.
Moi, j'ai décidé que je faisais partie des forts. Se faire respecter, c'est se faire craindre.

Opération cookies

Toute la bande m'attendait à la sortie du collège. Je m'apprêtais à rentrer seul, la tête farcie comme une courge, et j'ai eu chaud au cœur de les voir tous là. Sacha nous a snobés et a démarré son scooter en faisant crisser les pneus.

Après deux heures de colle passées à écrire, je me sentais comme un bagnard qui recouvre la liberté. Pauline a brandi un énorme paquet encore fumant :

— Des cookies pour ta sortie de taule !

C'était sa manière à elle de résoudre les problèmes. Il n'existait pas de souci qu'un petit gâteau bien croustillant ne sache surmonter. On s'est installés dans le parc, derrière le collège, et on a dégusté les biscuits au chocolat tout juste sortis du four. Chauds et parsemés d'éclats de noix de pécan, c'était impossible de parler tant ils étaient bons.

— Paul, sans déc', personne au monde n'est capable de faire des gâteaux pareils ! ai-je dit en léchant la dernière miette collée à mes doigts.

— Ouais, il a raison ! Même ma mère ne cuisine pas aussi bien, a ajouté Manon.

— C'est vrai, a renchéri Martin, il y en a qui paieraient cher pour manger ça. C'est une tuerie !

Devant cette avalanche de compliments, Pauline a fait la modeste, même si au fond elle estimait mériter ces commentaires. Tout à coup, je me suis redressé, comme mu par un ressort.

— Vas-y, répète un peu ce que tu viens de dire ? ai-je demandé à Martin.

— Quoi, que c'est une tuerie ?

— Non avant !

Ils m'ont tous fixé avec des yeux ronds. Je trépignais sur place tant j'étais excité.

— Tu es un génie ! Je sais comment je vais aller en Angleterre avec vous !

Là, j'ai bien vu qu'ils étaient tous largués, loin derrière moi qui frôlais la surtension.

— J'ai trouvé la manière de gagner suffisamment d'argent pour payer le voyage à Londres.

— Mais tes parents ? Tu ne leur en as même pas parlé ! Comment tu vas faire pour les autorisations ?

— Mon père dit toujours qu'il faut prendre les problèmes les uns après les autres. Et il est hyper organisé. Je vais tout bétonner d'abord. Je leur donnerai les papiers à signer quand j'aurai la thune. Ils ne pourront pas refuser !

— D'accord, mais comment est-ce que tu pourrais gagner autant de fric en si peu de temps ? Il faut trois cents balles quand même !

— Tu vas jouer au Loto ? a demandé Manon ?

Comme les autres, elle semblait penser que j'avais pété un boulon.

— Quand vous me laisserez vous expliquer, vous me le direz…

J'ai laissé ma phrase en l'air ; ils étaient tous suspendus à mes lèvres. C'est Martin qui a capitulé le premier :

— Allez ! Tu lâches l'info ou quoi ?

Je me suis mis à faire les cent pas pendant que je leur détaillais mon plan.

On a passé le reste de l'après-midi à préparer l'offensive. Je l'avais intitulé « Opération cookies ». Manon et moi avons relevé sur Internet le prix des ingrédients nécessaires à la confection des « cookies qui tuent » de Pauline. Celle-ci, bien sûr, devrait assurer la fabrication des biscuits, secondée par Martin qui lui servirait de commis. Paul avait bondi d'enthousiasme lorsque j'avais exposé mon projet, se voyant déjà chef pâtissière. Une fois le prix de revient calculé (et là bizarrement, je n'ai pas eu trop de mal à manipuler les chiffres), nous avons calculé le bénéfice. On avait décidé de procéder sur quatre semaines.

— Je vais faire des flyers d'enfer, a proposé Manon.

— Dylan et moi, nous les mettrons dans les casiers, a ajouté Martin.

— Je me charge de la vente à la sortie de bahut.

J'affichais un immense sourire, plus grand qu'une banane géante. J'étais sûr que ça allait marcher.

Le mois suivant est passé à toute vitesse. Entre les cours, les répètes de théâtre, la distribution des tracts, je n'ai pas vu le temps me filer entre les doigts. J'ai vendu les petits gâteaux à la sauvette, après les cours. Je suis devenu le dealer le plus apprécié, même si ma marchandise n'était pas illégale. Il faut dire que le bouche à oreille avait fonctionné au-delà de nos espérances. Et puis j'avais trouvé une technique imparable : sourire, blague, sourire, dégustation d'une miette de gâteau, je t'emballe ça dans une serviette en papier et hop, adjugé, vendu ! Après le premier soir, la demande n'a fait qu'augmenter, et Manon et moi avons dû mettre la main à la pâte pour seconder les autres. Trois semaines seulement ont suffi à atteindre la somme nécessaire et, au bout des trente jours prévus, nous avions réuni une coquette somme. J'ai proposé à mes amis de partager ce qui resterait une fois mon voyage payé.

— Non mais tu rigoles ! Ce fric, il est à toi ! On a trimé dur, mais le but, c'est que tu fasses le voyage avec nous ! a protesté Martin.

— Je suis d'accord, a ajouté Manon (qui semblait souvent d'accord avec Martin ces derniers temps). C'est un travail d'équipe.

Je l'ai arrêtée d'un geste de la main.

— Attendez ! Je pense à un truc !

Pauline s'est marrée.

— Ça y est ! Il va encore nous pondre une de ses idées loufdingues !

C'est comme ça qu'elle appelait mes traits de génie. Depuis qu'on se connaissait, j'en avais eu beaucoup et parfois, ils n'étaient pas si dingues que ça.

— Non, je suis sérieux ! Je pensais que nous pourrions utiliser cet argent à Londres ; on s'achèterait les trucs qui nous font vraiment envie et qu'on n'aurait jamais pu s'offrir. En plus, ça nous ferait de *big* souvenirs !

— Voilà qu'il parle *english* maintenant ! Il faut le voir pour le croire !

Venant de toute autre personne que Martin, j'aurais pu être vexé. Mais je savais qu'il aimait bien mon idée. Et les autres semblaient approuver.

Jusqu'à ce jour, ma dyslexie ne m'avait pas facilité la vie et j'avais toujours pensé que je n'avais pas tiré les bonnes cartes. Mais à présent, je n'avais plus envie de m'apitoyer sur mon sort. Peut-être était-il temps de jouer avec celles que je distribuerais moi-même.

Vol avec effraction

Je suis rentré chez moi le cœur et le pas légers. J'ai filé directement dans ma chambre pour y ranger la dernière somme d'argent récoltée. Le pactole déjà gagné était caché dans le deuxième tiroir de mon bureau, dans une boîte Pokémon. Je l'avais reçue pour mes sept ans et j'y tenais encore beaucoup (ce que je n'aurais pas avoué devant témoin, même sous la torture).

La boîte n'était plus là.

Éperdu, j'ai fouillé partout. Peut-être l'avais-je mise ailleurs ? Tout à coup, j'ai pris conscience de quelque chose qui m'avait échappé jusque-là : ma chambre était rangée, trop impeccable pour être honnête !

Plusieurs objets n'étaient plus à leur place : sur mon bureau, le sous-main était à l'endroit, mon stylo fétiche se trouvait avec tous les autres au lieu d'être sur ma table de nuit et, preuve irréfutable, mon lit avait été fait. Je ne fais *jamais* mon lit le matin. Il n'y avait donc aucun doute, on avait touché à mes affaires.

Quelqu'un avait fouillé et m'avait volé mon argent. Cette vérité brutale, indiscutable, m'a coupé le souffle. Quelques minutes auparavant, j'avais la tête dans les nuages, je sentais maintenant que j'allais la perdre.

J'ai entendu un bruit ; la porte d'entrée a claqué, me faisant l'effet d'une guillotine.

— Dylan, tu es là ? a crié mon père.

Je ne savais même pas qu'il était rentré de voyage, il devait passer trois jours à Paris. Le ton de sa voix n'augurait rien de bon. Je n'ai pas répondu. Je venais brusquement de comprendre. C'était lui qui avait visité ma chambre, lui qui m'avait dépouillé. Qui d'autre ?

La colère s'est mêlée à l'appréhension. Pourquoi avait-il fait ça ?

— DYLAN !

Je me suis décidé à sortir.

— Oui, j'arrive !

Il avait juste pris la peine d'ôter sa veste et s'était installé dans le salon. Visiblement, il tenait à avoir une conversation avec moi.

— Assieds-toi.

Il a pris le temps de m'observer.

— Tu n'as rien à me dire ?

— Euh… non.

Je ne savais pas où il voulait en venir. Qu'est-ce qu'il me reprochait exactement ?

— Le collège a appelé ce matin. Juste au moment de mon retour. Il semble que tu as opportunément oublié de mentionner que tu étais *encore* collé aujourd'hui.

L'énervement fleurait dans sa voix mais je voyais bien qu'il essayait de parler calmement.

— Je vais t'expliquer.

— Je t'écoute, a-t-il fait d'un ton pressant.

— C'est à cause d'un autre gars. Sacha. Il a emmer... euh embêté un petit, et j'ai juste voulu le défendre.

— Si je comprends bien, tu n'as fait que ton devoir. Tu t'es battu comme un petit voyou... pour rendre la justice ?

Je ne m'attendais pas à son scepticisme. Ça m'a révolté :

— Si, c'est vrai, je te jure !

— Et depuis quand est-ce ton rôle de régler les conflits dans ce collège ? Je pensais bêtement qu'il y avait des adultes pour ça.

Quand il commençait à faire de l'ironie, ce n'était jamais bon signe. Alors que je m'apprêtais à lui raconter les circonstances de la bagarre, il a cherché dans sa poche et a posé une liasse de billets sur la table basse.

Mes billets.

— Et cet argent, tu peux me dire d'où il sort ?

Il s'est arrêté, retenant son souffle. Ses joues pâles étaient de plus en plus blêmes.

— Alors ?

Il y avait de la menace dans sa voix. J'ai essayé de ne pas céder à la panique. Je ne voulais pas lui dévoiler la vérité. Je refusais d'impliquer mes amis dans cette affaire, je ne voulais pas leur créer d'ennuis. Je n'ai pas eu le temps de penser à la manière dont j'allais lui expliquer la provenance de tout cet argent, alors j'ai improvisé :

— Euh, je l'ai gagné... Je l'ai gagné en distribuant des journaux après les cours.

Ses yeux intelligents m'ont scruté.

— En vendant des journaux. Vraiment ?

— Oui, après les cours.

— Ça, tu viens juste de le dire. Et de quels journaux s'agit-il ?

Je commençais à transpirer.

— Je crois que c'était…

Comment s'appelait le journal auquel il était abonné ? *Le Monde* !

— *Le Monde des ados*, ai-je lâché stupidement.

J'aurais voulu me mordre la langue. J'avais le sentiment que mon histoire s'effilochait à mesure qu'il me questionnait.

— Et comment as-tu trouvé ce job ?

— Je ne sais plus qui m'en a parlé, ai-je dit à bout de ressource.

Son regard aigu m'a transpercé.

Je savais qu'il savait que je mentais.

Des trombes de mots glacés se sont abattues sur moi.

— Maintenant Dylan, tu vas arrêter de me prendre pour un imbécile parce que je n'aime pas ça, mais pas ça du tout. Je vais te dire d'où vient cet argent. Tu as trafiqué je ne sais quoi, avoue !

— Quoi ! Tu penses que j'ai dealé ? Mais je touche pas à ça, moi !

Il s'est levé.

— Alors, si vraiment tu n'as pas vendu de drogue, et je n'en suis pas si sûr… c'est que tu l'as *volé* !

Je suis resté stupéfait, sous le choc de cette accusation. Il a agrippé mes épaules et m'a secoué :

— Tu l'as volé ! Avoue !

Je n'ai rien trouvé à dire. Je ne savais pas ce qui était le pire : qu'il pense que j'étais un dealer sans scrupules ou un vulgaire voleur.

Voie de garage

Le lundi matin, j'ai fait ce que je fais de mieux dans ces cas-là : j'ai joué profil bas. On laisse glisser sur soi le bruit des autres. On met son armure.

Je suis arrivé pile à la sonnerie pour éviter de parler à mes amis.

— Tout va bien, Dylan ? m'a demandé Martin pendant le cours d'anglais.

— Ouais, t'inquiète. Tout va bien.

Je ne leur avais encore rien dit, tout simplement parce que je ne savais pas comment m'y prendre. Est-ce qu'ils n'allaient pas me détester d'avoir fourni tous ces efforts pour rien ? Ou bien ils me mépriseraient eux aussi ? J'étais incapable de leur révéler la piètre opinion que mon père avait de moi, comme je l'avais été la veille quand il avait fallu l'affronter, lui. Ce n'est qu'à la sortie de quatre heures que Pauline est parvenue à me coincer.

— Dylan ! Attends-moi !

Mon corps s'est tendu comme pour former un périmètre invisible de sécurité dans lequel je ne voulais pas qu'elle pénètre. Elle courait pour me rattraper. Je ne pouvais plus l'esquiver sans paraître idiot, je devais l'affronter. Elle est arrivée tout essoufflée.

— Mais qu'est-ce que tu fabriques ? Pourquoi tu te barres comme un voleur ?

Le mot m'a percuté de plein fouet.

— Je suis pas un VOLEUR !

Elle a écarquillé les yeux sous l'effet de la surprise, je me suis calmé aussitôt. Elle ne méritait pas que je l'agresse, elle n'y était pour rien.

— Je ne pourrai pas aller en Angleterre avec vous. Mon père a gardé l'argent. Il a appris pour mes heures de colle.

Moi qui m'étais dit que j'allais prendre le temps pour tout lui expliquer, je venais de larguer ma bombe sans sommation. Mais il valait mieux abréger l'instant, arracher le sparadrap d'un coup sec. J'ai décidé de couper court à ses interrogations :

— Tiens, c'est pour toi. Pour vous tous. C'est tout ce qui reste.

Elle a regardé les billets dans ma main tendue.

— Mais, je ne comprends pas. Tu ne viens pas à Londres et c'est tout ? C'est complètement dingue !

— Prends-les.

— Mais je m'en fous de ton fric ! Pourquoi tu n'expliques pas à ton père à quel point c'est important pour toi, ce voyage ?

Elle avait crié. Des tas de gens commençaient à nous regarder. Je lui ai collé les billets chiffonnés dans la poche.

— Qu'est-ce que tu veux que je te dise ? C'est foutu, fin de la discussion.

Je ne pouvais pas parler, je ne pouvais que garder mes pensées à l'intérieur de mes poings que je serrais très fort.

— Mais tu ne peux pas laisser tomber ! Il y a sûrement une solution. Je ne te laisserai pas t'en sortir si facilement. Parle-moi !

Elle me dévisageait d'un air intense. On se tenait là, face à face, mais j'ai eu l'impression d'être à des kilomètres. Si je laissais sortir les mots, ils couleraient et je ne pourrais plus en stopper le flot. Finalement, j'ai maquillé la vérité derrière un minable petit sourire.

— Je suis désolé.

Et je suis parti.

Durant les semaines qui ont précédé le départ en Angleterre, on a été comme des trains qui se croisent. Je voyais bien que mes amis ne comprenaient pas pourquoi j'avais lâché l'affaire sans me battre.

— Franchement, c'est trop nul que tu ne viennes pas avec nous, a dit Manon.

L'art de retourner le couteau dans la plaie.

— Sans toi, ça sera pas pareil, a dit Martin.

L'art de recoudre la plaie.

Sans eux non plus, ça ne serait plus pareil.

— Le jour où tu veux parler, tu sais où me trouver, a dit Paul.

Une façon de laisser la porte ouverte. Me montrer qu'elle était là, à l'écoute. Ce n'était pas grand-chose, mais c'était déjà beaucoup.

À la maison, ma trajectoire suivait une ligne sinueuse, faite de courbes et de collines ; tout pour éviter de rencontrer celle de mon père, rectiligne, plate, rigide.

Dans le jargon ferroviaire, pour permettre à deux trains de se croiser sans entrer en collision, on parle « d'évitement ». C'est un endroit sur une voie ferrée où celle-ci se divise en deux voies parallèles, sur une longueur de quelques centaines de mètres au maximum pour se rejoindre à nouveau. Je ne cherchais pas à retrouver mon père, je cherchais juste cet endroit qui me permettrait d'empêcher l'accrochage.

Le problème, c'est que cette voie me bloquait dans une impasse.

C'est ce qu'on appelle une « voie de garage ».

Photo choc

Ils sont partis. Ils m'ont envoyé un selfie avant de prendre le ferry. Pauline tire la langue et Martin a de la buée sur ses lunettes. Ensuite, silence radio pendant une semaine, parce que les communications de l'étranger, ça coûte plus cher. Voir leurs trombines sur la photo m'a pincé le cœur, j'aurais tant aimé être avec eux. Pour le partage. C'est comme manger un festin à plusieurs, quand on est tout seul, les plats n'ont pas la même saveur.

La semaine est passée, limaçante. En classe, comme il ne restait que la moitié des élèves, les cours ont été réaménagés et j'ai eu plus de temps libre. Libre pour quoi faire, quand tous vos potes sont dans un autre pays ? C'était comme s'ils étaient sur une autre planète. En français, Ananas nous a proposé de participer à la semaine de la presse. Je n'ai pas été franchement emballé. Je n'aimais pas lire, je n'aimais pas écrire, alors, rédiger des articles… Finalement, j'ai trouvé que c'était super, ç'a même été le truc le plus sympa de cette longue semaine. On s'est mis en groupes, et après avoir observé différentes unes de journaux, on a fabriqué la nôtre. J'ai géré la mise en page et tapé l'article que j'avais écrit avec mon binôme. Si seulement je pouvais toujours utiliser l'ordinateur pour rendre mes devoirs ! Évidemment, il restait encore des fautes, mais le correcteur d'orthographe m'avait bien aidé. Mme Nas m'a félicité et je me suis bêtement senti fier de moi. Je devais vraiment me sentir paumé pour apprécier les compliments d'une prof.

La veille du retour d'Angleterre, j'ai commencé à piaffer d'impatience, tel un gosse qui attend sa fête d'anniversaire. Penché à la fenêtre de ma chambre, j'ai grillé quelques cigarettes. Je fumais désormais en cachette de mes parents ET de Pauline, parce qu'elle disait à chaque fois que j'avais mauvaise haleine. La nuit était fraîche et j'avais enfilé un vieux sweat en polaire tout moche mais bien chaud. La lune me fixait de son œil unique et la fumée se mêlait à la buée qui sortait de ma bouche.

Mon portable a vibré, message de Sacha. Depuis la retenue, on ne s'adressait plus la parole, alors j'ai été très étonné qu'il me contacte. En plus, pour lui aussi les SMS devaient être surtaxés.

Avec un mauvais pressentiment, j'ai ouvert la photo qu'il m'avait envoyée avec ce commentaire :

Code de meuf : loin des yeux, loin du cœur.

Le ventre noué, j'ai découvert le visage d'un inconnu qui souriait de toutes ses dents. Il avait les cheveux blonds, mi-longs, des yeux bleu glaçon, et le teint caramel d'un surfeur. Le prototype du « beau gosse ». Son bras entourait l'épaule de Paul avec le flegme typique des Anglais. Elle ne le regardait pas, le visage à moitié tourné de l'autre côté, mais semblait trouver tout à fait normal qu'un mec qu'elle connaissait depuis à peine trois secondes l'enlace comme si elle lui appartenait. C'est cette désinvolture qui me frappait le plus. Elle devait être très proche de lui pour accepter cette intimité. Le cœur battant à cent à l'heure, j'ai fixé l'écran avant de poser brutalement le portable sur mon lit. Les motivations de Sacha étaient claires. Il voulait m'atteindre, me faire mal. Et il y était parvenu.

La question qui ne cessait de tourner en boucle était : pourquoi le fait que Pauline sorte avec un autre garçon que moi me touchait autant ?

J'étais déterminé à ne plus y penser. J'ai passé une partie de la nuit assis sur le sol froid, dos au mur, à fixer le vide.

Au début, la photo revenait sans cesse à mon esprit, comme ces mauvaises chansons qui s'incrustent dans la tête et qu'on ne peut s'empêcher de fredonner. Peu à peu, ma tristesse a reflué, remplacée par une espèce de résignation et j'ai pu me concentrer sur les problèmes immédiats. D'abord, je ne devais rien laisser paraître. Mes amis seraient de retour dans quelques heures et je ne voulais pas gâcher la joie des retrouvailles. Pauline sortait bien avec qui elle voulait. En tant que meilleur ami, je n'avais aucun droit sur elle. Pourtant, un sentiment que je ne pouvais pas nommer continuait à chanter sa petite rengaine au fond de mon crâne.

Mon portable a émis un nouveau bip. En regardant le message, j'ai eu peur que ce soit Sacha, mais non. Il devait penser qu'il était vainqueur par K.-O.

Le SMS provenait de Pauline :

Tu nous as trop manqué ! On arrive ! ☺

Une caresse à Féline et j'ai récupéré les mégots laissés sur le rebord de la fenêtre pour les jeter plus tard en allant au collège. Après m'être brossé les dents à la hâte, j'ai mâché un chewing-gum à la menthe pour masquer l'odeur du tabac froid que mes amis ne manqueraient pas de sentir.

Est-ce que je parviendrais à dissimuler mon amertume aussi facilement ?

À mon arrivée, le car était déjà là et le parking bondé. Les élèves faisaient la queue devant la soute à bagages, les pères chargeaient les valises et les mères tentaient d'étreindre leur enfant, qui jetait des coups d'œil alentour pour voir si personne ne le regardait.

J'ai aperçu Martin avec sa mère.

— Alors, c'était cool ?

Il m'a fait un check, les yeux pétillants.

— Ouais, pas mal.

Manon a surgi derrière lui et s'est emparée de sa main. Il a un peu rougi.

— Je vois ça, ai-je ironisé pendant que Manon me claquait quatre bises. Je ne m'en serais jamais douté.

Pauline s'est approchée de notre groupe et m'a dit bonjour.

— On se voit cet après-midi ? a-t-elle proposé.

Elle m'a souri, d'un sourire plein de douceur qui a émoussé le tranchant de mon appréhension. Finalement, les retrouvailles n'étaient pas si difficiles. Nous étions des mousquetaires après tout.

Au loin, j'ai aperçu Sacha qui partait. Il a accroché mon regard et ses lèvres ont articulé un seul mot que je n'ai eu aucun mal à déchiffrer :

— *Guignol.*

What's your name ?

— Il nous reste deux mois avant la représentation. Il va falloir mettre les bouchées doubles si on veut être prêts.

Mme Nas arpentait la salle de classe d'un air grave. Nous étions debout, raides comme des piquets, à la limite du garde-à-vous.

— Maintenant que la sélection des scènes est terminée, chaque groupe va proposer une mise en scène pour la semaine prochaine. Bien évidemment, vous devez savoir parfaitement vos textes.

Elle nous a passés en revue avec un regard militaire. Elle avait mis un bon trimestre pour le mettre au point, mais à présent elle le tenait bien : on n'a pas bougé d'un poil.

— Je ne veux plus voir d'aide-mémoire, d'antisèche, de pompe ou de je-ne-sais-pas-comment-vous-appelez-ça. Vous apprenez vos répliques par cœur !

La sonnerie a claironné la fin de la séance, on a rompu les rangs.

— Dis donc, elle rigole pas, Ananas. J'espère que je vais arriver à tout retenir d'ici vendredi prochain, a soupiré Manon.

Martin lui a murmuré un truc à l'oreille qui l'a fait rire. Ces deux-là n'arrêtaient pas de se chercher. Je me demandais pourquoi leur bonheur affiché me tapait sur les nerfs. J'aurais dû me réjouir pour eux. Ça devait être à cause de l'annonce de la prof. Une semaine. Il me restait une semaine pour maîtriser mes répliques. Cet ultimatum me plongeait dans une profonde angoisse. Et si je me ridiculisais devant mes amis, ou pire, devant le public le jour du spectacle ?

— Pourquoi est-ce que je me suis embarqué là-dedans ? ai-je marmonné.

Une main s'est posée sur mon épaule, je n'avais pas vu Pauline juste derrière moi.

— Non, la question c'est pourquoi tu stresses ? Tu vas assurer grave ! De tout le groupe, tu es le meilleur !

C'est vrai que je me sentais bien dans ce cours qui n'en était pas un. Et même si je savais qu'elle exagérait, ses encouragements m'ont fait du bien.

— Si tu veux, je peux passer ce week-end et on répète ensemble.

Le souvenir de la photo s'est infiltré dans ma tête. Le bras du beau mec passé autour de ses épaules. Avant que j'aie pu refuser, Martin s'est exclamé :

— Ouais, super idée ! Et si on se retrouvait tous les quatre ?

— Trop bon ! a enchéri Manon. Pauline, tu apportes de quoi manger et je me charge des boissons !

Voilà. C'était décidé, pas la peine d'essayer de nager à contre-courant. Je n'avais plus qu'à suivre le mouvement en espérant que je ne coulerais pas.

Cette nuit-là, j'ai fait un rêve flippant.

Au début, il ressemblait à un souvenir réel. Je me trouvais dans le bus scolaire qui nous emmenait voir *Le Malade imaginaire*, Mme Nas était là, avec M. Pignon qui avait accompagné la sortie. J'étais assis à côté de Martin qui riait d'une blague que je venais de lui raconter. Tout à coup, il n'était plus à la même place, mais devant moi, à côté de Manon. Elle l'a embrassé et lui a murmuré quelque chose à l'oreille, comme elle le faisait toujours. Sauf que cette fois-ci, elle s'est retournée dans ma direction. Martin m'a jeté un coup d'œil, je *savais* qu'elle venait de dire un truc sur moi mais j'étais incapable de lui demander quoi. Tout engourdi par la honte, je me sentais rougir. Une certitude m'a envahi et j'ai compris qu'elle m'avait traité de guignol. Pourquoi Martin n'avait-il pas protesté ?

Dans l'autre rangée, j'ai vu Pauline installée à côté d'un garçon que je ne connaissais pas. Il braquait ses yeux limpides vers elle, et je l'ai reconnu, c'était l'Anglais de la photo. Il a passé un bras possessif autour de ses épaules et elle s'est blottie contre lui. Il ne me regardait pas, il ne regardait qu'elle. Paul a dû sentir que je les fixais car elle s'est redressée brusquement :

— *What's your name ?* a-t-elle demandé.

Elle avait sa voix ordinaire mais parlait anglais sans aucun accent. C'était une étrangère.

J'ai compris sa question mais j'étais dans l'incapacité de répondre, les mots se désintégraient sous ma langue, effacés de ma mémoire. La panique m'a serré la gorge comme un étau. Le bus s'est arrêté, tout le monde s'est levé pour se diriger vers la sortie. Le chauffeur a déclaré d'une voix forte interrompant toutes les conversations :

— C'est un voleur.

C'était la voix de mon père. Mme Nas lui a rétorqué, indignée :

— Il est dyslexique !

Elle avait voulu prendre ma défense mais cela sonnait comme une accusation. Mon père a essayé de m'attraper par la manche mais je me suis dégagé et j'ai bousculé tout le monde pour descendre. Personne n'a essayé de m'empêcher de passer, c'était presque comme s'ils étaient soulagés de me voir partir.

La porte refermée, le bus a redémarré me laissant planté seul sur le trottoir. Tandis qu'il s'éloignait, petit point à l'horizon désert, la réponse que j'avais oubliée quelques instants plus tôt a jailli et j'ai crié :

— Dylan ! Je m'appelle Dylan !

Je me suis réveillé la gorge sèche et le cœur qui battait la chamade. J'ai allumé la lumière mais mon rêve s'était collé à moi, laissant un goût amer dans ma bouche. C'était un rêve absurde, pourtant je ne pouvais me défaire de l'impression que tout était vrai.

Répétition

Mes amis ont débarqué le samedi après-midi. Comme promis, Pauline avait apporté des munitions, des chouquettes fondantes à souhait. Nous nous sommes installés sur le grand pouf, Manon et Martin collés-serrés sur le lit.

— Eh, les tourtereaux ! On est là pour bosser, vous vous rappelez ? a lancé Paul.

Martin a eu la politesse de piquer un fard, mais pas Manon. Elle a haussé les épaules et s'est penchée vers le sol pour extirper un paquet de feuilles de son sac en proférant :

— Non mais pour qui tu nous prends ? On n'est pas des animaux, quand même !

Elle interprétait Martine dans *Le Médecin malgré lui*, une autre pièce de Molière ; c'était la première scène, celle où elle se dispute avec son mari Sganarelle (*alias* Martin), un gros macho alcoolique qui finit par lui cogner dessus. C'était vraiment drôle de les voir se chamailler pour de faux.

— Qu'est-ce que vous diriez si on jouait tout de suite avec les textes en main ? a-t-elle proposé.

— Tu veux dire qu'on improvise la mise en scène ?

Pauline semblait d'accord, alors on l'a suivie. Les amoureux ont joué leur scène, puis on a discuté, chacun faisant des suggestions.

Ensuite, c'était notre tour. J'étais mal à l'aise, peut-être à cause du rêve idiot de la nuit précédente. En fait, j'avais carrément la trouille. On a commencé, j'ai buté sur mon texte.

— Excusez-moi, je crois que je ne vais pas y arriver.

J'avais pris un ton geignard que je détestais. Paul est allée se servir un coca.

— Eh, on n'est pas au palais des Papes ! Y a que nous !

— Peut-être une petite chouquette ? a dit Manon, en m'en balançant une dans la figure.

Imperturbable, je l'ai ramassée et me la suis fourrée dans la bouche.

— Merci, très chère, ai-je fait en me léchant les doigts un à un. Hmm, « il n'y a rien de plus véritable » ! Il faudrait que vous goûtassiez ce mets immédiatement !

Et je lui ai lancé une chouquette qu'elle a rattrapée au vol.

— C'est exactement ça qu'il faut que tu fasses ! s'est exclamé Martin.

— Quoi ? Qu'est-ce que j'ai fait ?

— Tu t'es mis dans la peau de ton personnage !

Je jouais Monsieur Jourdain dans *Le Bourgeois gentilhomme* de Molière, un bourge qui en crève de ne pas être né avec un nom d'aristo « de machin-chose ». Son kif, c'est de ressembler aux nobles, il fait tout ce qu'il peut pour avoir l'air d'un gentilhomme, mais il est juste ridicule. Comme il est plein aux as, il engage des tas de gens pour lui apprendre les bonnes manières. Mais en même temps, il est assez crétin, donc tout le monde profite de lui et il ne s'en rend pas compte.

Je ne sais pas si c'est grâce aux chouquettes (vraiment délicieuses) ou aux encouragements de Martin, mais je me suis senti bien tout à coup.

— D'accord, je vois ce que tu veux dire. On recommence !

L'après-midi est très vite passé. Nous avons répété plusieurs fois notre scène avec Pauline et je me suis aperçu rapidement que je connaissais quasiment tout le texte par cœur.

Alors que je repensais aux heures passées à m'évertuer à apprendre mes leçons, un souvenir a ressurgi.

Lorsque j'étais tout petit, ma grand-mère m'avait acheté un de ces flacons à bulles remplis d'eau savonneuse. Je dévissais le bouchon avec précaution et je soufflais doucement dans le cercle en plastique. J'ai passé des heures à faire des bulles dans le jardin. Les dates historiques, les tables de multiplication m'avaient toujours fait penser à ces bulles légères. Elles étaient là, et puis l'instant d'après, elles s'éloignaient si vite que je devais courir pour les attraper. Quand j'y parvenais, elles finissaient par éclater, explosant pour rejoindre le néant.

Le texte de théâtre était bien plus long que toutes les récitations que j'avais pu apprendre au cours de ma carrière d'élève, pourtant, malgré mes craintes, je n'avais eu aucun mal à le mémoriser. Et on s'était bien marrés. Je me suis exclamé :

— Je ne sais même pas comment j'ai pu retenir toutes ces répliques sans me prendre la tête ! Je n'en reviens pas de connaître mon texte par cœur !

— C'est parce que tu l'as appris en mouvement. Ça s'appelle l'éducation « kinesthésique », a expliqué Martin qui avait vu un reportage à la télé.

Mon pote est une vraie encyclopédie ambulante. Je ne savais pas s'il avait raison, mais en tout cas, cela avait marché pour moi.

J'aurais peut-être dû apprendre mes tables en dansant.

La porte d'entrée a claqué, brisant ma rêverie. Me redressant en toute hâte, j'ai lancé à la cantonade :

— Allez les gars, il faut bouger ! C'est mon père !

Pauline s'est étonnée de mon empressement.

— C'est bon, Dylan, détends-toi ! On est en week-end, je te rappelle. Qu'est-ce que tu as avec ton père ?

Je me suis senti un peu idiot :

— Je n'ai rien dit à mes parents, à propos du théâtre.

Elle a ouvert de grands yeux.

— Mais pourquoi tu ne leur en parles pas ? Tu joues super bien ! Ils ne sont pas au courant pour le spectacle ?

Cette fois-ci, j'ai juste réussi à bredouiller un truc incompréhensible et elle s'est mise en rogne :

— Putain Dylan ! Ça me rend dingue que tu en sois encore là !

Quand Paul commence à dire des gros mots, c'est qu'elle est vraiment, vraiment énervée. Elle se tenait debout, les poings serrés, comme si elle avait envie de frapper quelqu'un. Il n'était pas impossible que ce soit moi.

— Alors d'accord, a-t-elle poursuivi, ça craint pour ton père dans son boulot, mais ce n'est pas pour ça qu'il faut que tu t'écrases ! Déjà qu'ils t'ont empêché de faire le voyage !

Comme d'habitude, elle attaquait de front, ne me laissant pas la possibilité de me dérober.

Ma réponse est sortie trop vite, sans que je contrôle quoi que ce soit :

— Il aurait déjà fallu que je leur en parle.

— Quoi ? Tu veux dire que tu ne leur as pas expliqué pour l'Angleterre ? Tu leur as dit, au moins, d'où provenait l'argent ?

— Laisse tomber, Paul, a dit Martin.

Il l'a regardée avec insistance, genre « lâche l'affaire, je t'expliquerai plus tard » . Elle était remontée à bloc, mais est parvenue à se contenir.

L'idée qu'ils parlent de moi et de mon père en mon absence ne me plaisait pas du tout, mais j'étais soulagé qu'ils n'insistent pas davantage.

Désorientation

La semaine suivante, une pluie de contrôles s'est abattue sur nous. En ce début de troisième trimestre, les profs s'étaient donné le mot pour nous évaluer. J'ai tenté de surnager entre les maths et les SVT, gardé péniblement la tête hors de l'eau en français et en histoire, mais me suis noyé carrément en anglais.

L'orage passé, pas d'éclaircie à l'horizon. Au programme : une séance avec la conseillère d'orientation pour faire des tests. Elle nous a distribué des questionnaires et a dit qu'on pouvait prendre rendez-vous avec elle par la suite si on le désirait.

— Je viens de vous remettre des QCM, c'est-à-dire des questions avec plusieurs réponses proposées. Analysez-les et cochez-en deux : celle qui vous convient le mieux, puis celle que vous aimez le moins. Plus tard, vous participerez à un quiz en ligne pour dessiner votre profil. À partir de votre personnalité et de vos centres d'intérêt, différents métiers vous seront suggérés.

Une fille de la classe a levé le doigt :

— Il faut déjà qu'on se décide tout de suite ? Parce que moi, j'ai aucune idée de ce que je veux faire plus tard.

— Bien sûr que non. Cette année, il s'agit d'apprendre à mieux vous connaître. L'an prochain, nous affinerons vos choix afin de déterminer votre poursuite d'étude. On peut très bien décider quelle filière on veut suivre, si on préfère des études longues ou courtes par exemple, sans savoir précisément quel métier on exercera plus tard.

L'idée même de répondre à ce questionnaire me tordait le ventre. Quel intérêt de chercher à se connaître quand on est moi ? Je savais déjà tout ce qu'il y avait à savoir. Les situations proposées me paraissaient plus débiles les unes que les autres.

Vous préférez :
a. Dessiner ou peindre
b. Jouer aux échecs
c. Monter un meuble en kit

Est-ce que mes réponses allaient vraiment dresser mon portrait ? L'idée m'a paru si absurde que j'ai décidé de jouer franc-jeu. Seulement pour voir si une intelligence artificielle pouvait cerner qui j'étais vraiment.

Dans ce que je préférais, j'ai coché :
☐ Participer à une action humanitaire
☐ Jouer dans une pièce de théâtre
☐ Me dépenser physiquement
☐ Convaincre les autres
☐ Relever un défi
☐ Connaître de nouvelles personnes
☐ Laisser libre cours à mon imagination

Dans ce que j'aimais le moins, j'ai mis :

- ☐ Prévoir mon emploi du temps
- ☐ Gérer mon budget
- ☐ Ranger mes affaires
- ☐ Lire un ouvrage scientifique
- ☐ Monter un meuble en kit
- ☐ Lire un roman

Une fois toutes mes réponses enregistrées, le logiciel a inscrit :

Entre 70 % et 100 % : COMMERCE

Vous aimez la nouveauté, entreprendre, diriger. Vous êtes à l'aise pour vendre, négocier et convaincre. Prendre des risques ne vous fait pas peur.

Les paroles prononcées par mon paternel ont résonné dans mon esprit. Encore une de mes petites rengaines intérieures. *« Tu as trafiqué je ne sais quoi… Tu l'as volé !… Avoue ! Tu es un voleur. »*

À 60 % : MANAGEMENT

Vous aimez optimiser le fonctionnement d'une équipe. Votre sens des responsabilités vous conduit à aimer encadrer les activités des autres et prendre des décisions.

La voix de mes parents résonnait toujours à mes oreilles, dressant un mur de brique entre moi et mon avenir : *« La dyslexie est un véritable handicap… Mon fils n'est pas un HANDICAPÉ ! Il est trop fainéant et mou pour se battre, c'est tout ! »*

À 60 % : CRÉATION

Vous avez une attirance pour les arts en général (dessin, musique, cinéma, théâtre…). Vous aimez vous exprimer à travers des réalisations personnelles. Vous aimez travailler de façon autonome et souvent originale. Vous faites preuve d'intuition et de créativité.

« À quoi ça sert de perdre son temps à aller voir un spectacle ? Ton fils aurait plutôt besoin de cours de soutien. Quand on voit son niveau en orthographe… »

J'ai fixé la feuille crachée par l'imprimante jusqu'à ce que mon regard se trouble. Ce n'est pas que je rejetais les métiers qui m'étaient proposés ; si j'étais sincère, je pourrais avouer qu'il y avait un petit peu de moi dans ces portraits. Mais statistiquement, combien de chances j'avais de faire des études de commerce ou d'être un artiste ?

Il n'était pas question de ce dont j'avais envie pour mon avenir. Il s'agissait de savoir de quoi j'étais capable.

La voix de mon père a continué.

Implacable.

« On ne fait pas toujours ce qu'on veut dans la vie, il faut avoir le sens des réalités. »

Eh bien moi, la réalité, elle ne me plaît pas.

Saynète

La prof principale a demandé un rendez-vous à mes parents. Je n'étais pas très rassuré. C'est un peu comme quand on se fait arrêter pour un contrôle en scooter. Même si on n'a commis aucune infraction, on se sent fautif. Je me demandais sans arrêt quelle erreur j'avais pu commettre, mais j'avais beau réfléchir, je ne voyais vraiment pas.

— Qu'est-ce que tu as encore fait ? a questionné papa.

Depuis la scène qu'il m'avait faite, on ne se parlait quasiment plus. Je savais que sa situation au travail n'avait pas évolué, parce qu'il l'avait évoquée quelquefois au dîner, mais je réduisais au maximum nos échanges. À chaque fois que maman travaillait de nuit, je me bricolais un repas rapide et le portais dans ma chambre. Quand il rentrait tard, il trouvait la table mise pour un seul couvert. La barrière qui se dressait désormais entre nous me paraissait infranchissable.

Le jour du rendez-vous, il faisait un temps magnifique en contradiction totale avec mon état d'esprit. Les oiseaux pépiaient dans l'air frais de ce début de printemps et je me sentais presque comme un personnage de théâtre.

L'élève entre dans le bureau à la suite de ses parents. Le père tient son texte à la main, seulement ce ne sont pas les répliques d'une pièce mais le questionnaire d'orientation avec son bilan.

— J'ai demandé à vous rencontrer afin que nous fassions un point sur l'année en cours. Je voulais savoir si Dylan avait un projet pour la suite du collège, a commencé Mme Jacquet.

— Très bien, je trouve que c'est une bonne idée, a approuvé maman.

Mon père n'avait toujours pas prononcé un mot. Il semblait ne pas avoir entendu, concentré sur la lecture du test d'orientation. Ma prof a exposé mes résultats.

— Ce n'est pas très brillant, mais on peut néanmoins remarquer une bonne progression ce trimestre. Les difficultés sont sérieuses en langue et en histoire, mais les mathématiques, et surtout le français se sont considérablement améliorés.

— Tout est question de perspective, a dit papa. Quand on démarre d'aussi bas, on ne peut que remonter.

Maman l'a électrocuté du regard. Il lui a passé le bilan du test. Pendant quelques instants, le chant mélodieux des oiseaux a virevolté dans le silence comme de fines particules de lumière.

Mme Jacquet a repris d'un ton plus ferme.

— C'est une manière de voir les choses… mais ce n'est pas la mienne. Ni celle de l'équipe pédagogique.

Elle a ajusté ses lunettes et a fixé mon père, exactement de la même manière qu'elle le fait quand elle remet un élève à sa place.

— Dylan a plutôt mal commencé l'année, je vous l'accorde. Mais plusieurs professeurs assurent qu'il a réalisé de gros progrès. Son attitude a également évolué dans le bon sens. Il est plus concentré, plus positif, et participe dans certains cours.

Maman a souri. Mon père ne m'a pas regardé, mais ses yeux s'étaient agrandis et une rougeur avait envahi son cou.

— Je vous ai donné le test réalisé par les Quatrième, car la question de l'orientation se pose dès maintenant. L'année prochaine, il faudra faire des choix et il est important de commencer à réfléchir à la question.

Mme Jacquet s'est tournée vers moi :

— Dylan, tu as une idée de la poursuite de tes études après la troisième ?

J'avais jusque-là observé la scène qui se jouait comme un spectateur. Mais maintenant que je n'étais plus un simple figurant, je ne savais plus quoi dire.

— Euh… je sais pas.

— Tu as encore le temps d'y penser. Mais je voudrais savoir si les résultats du questionnaire te correspondent.

— …

La chaleur s'est propagée dans mes mains, mon cou, et mon visage devait être rouge lui aussi.

— Je trouve que beaucoup de points lui ressemblent, a constaté ma mère. Dylan a toujours été un enfant plein d'imagination, créatif et aimant le contact avec les autres. Déjà quand il était petit, il était capable de convaincre ses amis de le suivre.

— Oui, d'ailleurs, il nous l'a bien prouvé, il possède de grandes compétences dans les relations commerciales, n'est-ce pas Dylan ?

Mme Jacquet souriait en me demandant ça, alors j'ai été un peu rassuré, même si je ne savais pas trop où elle voulait en venir.

— Les surveillants qui sont postés au portail lors de la sortie du soir ont remarqué un étrange attroupement autour de votre fils. Cela les a évidemment alertés, Mme Vacherin est très vigilante vis-à-vis des trafics qui pourraient avoir lieu à proximité de l'établissement. Enfin bref, il s'est avéré que le trafic en question était en fait une simple vente de gâteaux.

Elle a tendu un flyer jaune fluo qui proclamait que « les London Cookies » étaient une « tuerie ».

J'étais abasourdi. Alors comme ça, ils savaient tout ? Nous qui croyions avoir été discrets… Mes parents semblaient stupéfaits.

— Nous aurions pu étouffer dans l'œuf cette « petite entreprise », a poursuivi Mme Jacquet. Mais, après enquête, les motifs de Dylan et de ses camarades nous ont paru acceptables, alors nous les avons laissés continuer. D'ailleurs, nous avons été très surpris que votre fils ne participe pas au voyage en Angleterre.

— Quel voyage en Angleterre ? a demandé ma mère.

— Alors l'argent venait de là ? a demandé mon père.

On se serait cru dans un vaudeville, au moment où le quiproquo est dévoilé.

— Mais pourquoi tu ne m'en as pas parlé ?

Il avait la tête d'un type qui vient de se prendre un mur. Sa voix n'était plus qu'un murmure :

— Nous n'étions pas au courant de cette histoire de voyage.

L'entretien s'est assez vite terminé. La prof a proposé que nous discutions ensemble de mes projets pour l'an prochain. Nos problèmes de communication avaient dû lui paraître bizarres.

— Je pense que vous avez hâte de voir Dylan brûler les planches, a-t-elle conclu en ouvrant la porte du bureau.

Coup de théâtre final.

Les parents sont pétrifiés.

Couloir.

Ils quittent la pièce, la mère interroge le fils ; le père, serrant des papiers dans son poing, marche les épaules courbées. La prof les regarde s'éloigner d'un air songeur.

Un caillou dans la mare

À table, on est passés de la guerre froide à un mitraillage en règle. Maman n'a pas cessé de me questionner sur le club théâtre. « Pourquoi tu ne nous as rien dit ? Quelle pièce as-tu choisie ? Et quel rôle ? Avec quel partenaire ? » Face à ce bombardement, je n'avais pas le temps d'en placer une.

— Arrête, Mom ! Je joue juste dans une scène. Ce n'est pas la peine d'en faire des caisses ! J'ai rien dit parce que je voulais que ce soit une surprise.

En disant ça, je n'ai pas pu m'empêcher de sourire. Mon secret m'avait pesé. Maintenant, ils savaient, et je me sentais vraiment soulagé.

— Tu nous diras la date de la représentation, a continué ma mère. Il ne faudrait pas que je travaille de nuit ce soir-là. Je veux être au premier rang.

Mon cœur a palpité un peu plus fort à l'idée qu'ils viennent me voir jouer. Peut-être que pour une fois, ils seraient fiers de moi.

— On ne manquerait ça pour rien au monde, n'est-ce pas Patrick ?

Papa n'avait pas décroché un mot depuis le début du repas, il me considérait avec un drôle d'air. Je n'étais plus transparent mais il me regardait comme si j'étais un étranger assis à sa table.

— Oui, bien sûr, nous serons là, a-t-il dit.

J'aurais voulu tendre les bras par-dessus la table, lui parler pour qu'il me regarde autrement. Mais il y avait trop de distance, d'années, de silences entre nous. En réalité, je n'avais pas peur du spectacle lui-même. J'avais peur de le décevoir.

Un souvenir que j'avais essayé d'enfouir sous la surface a rôdé dans ma mémoire aussi angoissant qu'un fantôme. J'avais huit ans et pour la kermesse de fin d'année, la maîtresse avait décidé de changer un peu la tradition. À la place de la chorale habituelle, elle nous avait entraînés à lire un conte à plusieurs voix. Nous étions tous déguisés en loup ou en chaperon rouge, quelques-uns en grand-mère et en bûcheron. Chaque élève devait lire un petit morceau de l'histoire et il y avait des intermèdes musicaux. C'était une bonne idée.

Les familles s'étaient déplacées pour l'occasion, mes parents et grands-parents étaient là, au deuxième rang. Comme tous les autres, j'étais excité et trépignais d'impatience. Sauf Pauline qui boudait parce qu'elle avait été obligée de jouer le rôle de la petite fille. La perspective des jeux qui suivaient la saynète nous mettait dans tous nos états et on ne tenait pas en place quand le rideau s'est levé. Tout s'est très bien passé, les enfants ont lu leur texte, certains plus assurés que d'autres. Mon père, à l'instar d'autres parents, filmait avec son téléphone, immortalisant ce moment pour la postérité. Je n'avais que quelques malheureuses phrases à lire que je connaissais quasiment par cœur car nous avions beaucoup répété. Eh bien, j'ai tellement écorché le texte, butant sur chaque mot, que Martin a dû venir à ma rescousse. Il a lu mes phrases à toute vitesse et enchaîné sur les siennes. Sur le coup, je lui en ai été reconnaissant. Puis, j'ai tourné la tête vers ma famille et j'ai vu que mon grand-père parlait à l'oreille de papa. Il fronçait les sourcils, mon père avait l'air agacé. Il avait arrêté de filmer. Plus tard, il m'a dit qu'il n'avait plus de batterie.

Quand j'y repense, ça me fait toujours aussi mal. Je mâchais et remâchais un morceau de viande sans parvenir à avaler. J'ai attaqué :

— De toute manière, quoi que je fasse, ça ne sera jamais assez bien pour toi !

Mon père a blêmi.

— Dylan, je comprends que tu m'en veuilles. Mais ce que tu viens de dire est faux. C'est archifaux. Je suis très content que tu t'impliques dans une activité !

— Même si c'est du théâtre, tu veux dire ! Je sais bien ce que tu en penses !

Je ne l'avais pas voulu, mais ma voix était montée d'un cran. Mon père lui ne s'est pas emporté. Son ton froid tranchait comme une lame de rasoir :

— Peut-être que tu pourrais arrêter de penser à ma place, d'ailleurs je....

— Tu me prends pour un raté ! ai-je hurlé. Tu n'as jamais vu que mes zéros en dictée ! Toi, tu as collectionné les bonnes notes. Tu me l'as assez répété : « Moi, j'avais toujours dix en calcul mental. » Tout ça pour bien me montrer que je ne te ressemble pas. Même quand je réussis à avoir la moyenne, je vois que tu es déçu.

Mon père me fixait, le teint livide. Ma voix a dégringolé de plusieurs étages.

— Je ne serai jamais à ta hauteur.

— Dylan, arrête ! s'est interposée ma mère. Tu racontes n'importe quoi. Nous sommes fiers de tes progrès. Et nous savons bien que tu fais de ton mieux.

— De toute manière, toi, c'est pareil, tu crois que je suis trop bête pour réussir quoi que ce soit.

Les mots ont bouchonné dans ma gorge.

— Tu ne comprends rien. Vous ne comprenez jamais rien.

Le repas s'est poursuivi dans un silence plein d'hostilité. Mon père furieux a gardé ses pensées pour lui. Ma mère semblait vexée, les lèvres pincées, elle n'a plus cherché à faire la conversation.

Ma colère était retombée, j'en avais marre d'essayer de leur expliquer. Ils avaient tous les deux réussi leurs études. La seule chose qu'ils avaient vraiment ratée, c'était moi.

Pour ma mère, avoir un fils dyslexique n'avait pas dû être facile à accepter mais à présent, cela lui suffisait à expliquer tous mes ratés. C'était une barrière infranchissable, voilà tout.

Pour mon père, c'était différent, le handicap n'existait tout simplement pas, tout était ma faute, je ne travaillais pas suffisamment.

Je commençais à me dire qu'ils avaient tous les deux tort. C'était aussi idiot de nier ma dyslexie que de la brandir au moindre échec. Elle était un obstacle bien réel, mais peut-être pas insurmontable.

J'avais été soulagé quelques instants plus tôt ; à présent, un poids lestait mon cœur aussi lourdement qu'un gros caillou lancé dans une mare. Aucune ride à la surface de l'eau.

Mais le caillou était bien là, tout au fond.

Révélations

Quinze jours plus tard, de grands panneaux retraçant les voyages scolaires étaient exposés dans le hall du collège. La semaine en Espagne pour les Troisième et les six jours à Londres pour les Quatrième. J'aurais bien voulu jouer les indifférents. Ou bien m'extasier comme le faisaient les autres devant ces stupides affiches. Mais je n'étais ni indifférent, ni enthousiaste ; j'étais *jaloux*. Cela ne servait à rien de me le cacher. Bizarrement, le fait de me l'avouer a rendu les choses plus faciles.

J'étais un crétin de jaloux.

Mes amis étaient partis sans moi, ils s'étaient fabriqué des souvenirs et je n'en faisais pas partie. J'avais à présent le choix entre deux attitudes : je pouvais continuer à ruminer ma rancœur et faire la tête. Mes potes le verraient, et ils n'oseraient plus se réjouir devant moi en évoquant leurs bons moments. Ou alors, je rangeais mon amertume dans une petite boîte et je fermais le couvercle.

Je me suis donc avancé pour passer en revue les différents affichages. Pauline m'a aperçu et fait signe de les rejoindre. Elle sautillait sur place et paraissait aussi excitée qu'une gamine. Ma petite voix intérieure a tenté de me déstabiliser : « Tu vas encore souffrir, pense à ce mec qui l'enlace, qui la serre contre lui. » Bien décidé à la faire taire, j'ai donné des coups d'épaules pour fendre la masse d'élèves agglutinés entre nous. J'ai dit « salut » un peu bêtement, parce que je ne savais pas quoi dire d'autre. Martin était là, lui aussi, sans sa copine dans les parages. Ils ont commencé à me montrer leur exposé. Big Ben. Les plages de Brighton.

— Manon n'est pas là ? ai-je demandé en regardant un cliché sur lequel les amoureux se serraient l'un contre l'autre.

— Non.

Il a enlevé ses lunettes pour les essuyer. On se connaît si bien avec mes amis que je sais par cœur leurs gestes et leurs manies ; c'est un système de signes aussi clair pour moi qu'un message écrit noir sur blanc. Pour Martin, enlever ses lunettes est l'équivalent de la mèche derrière l'oreille pour Pauline ; cela peut vouloir dire « Attends, je réfléchis » ou bien « Fous-moi la paix ». Là, j'ai bien compris qu'il ne voulait pas que je m'attarde sur le sujet. Il semblait en avoir gros sur le cœur. Alors, j'ai juste dit :

— Arrête de frotter comme ça ! Tu risques de les casser… et il n'y a rien qui ne soit pas réparable, tu sais.

Paul lui a claqué un bisou sur la joue, il a fait semblant de s'essuyer mais il souriait. À cet instant, mes yeux se sont posés sur LA photo. Le bel English posait devant moi, effrontément beau et plus cool que jamais. Comme dans mon souvenir, il tenait Pauline par les épaules et la regardait en riant. Sauf que sur ce cliché le zoom n'était pas resserré sur eux deux. Le plan, plus large, montrait un groupe de cinq personnes prises en enfilade. Pauline avait le bras posé autour de la taille d'une fille inconnue, qui tenait elle-même Martin par le bras. Manon à l'autre bout brandissait un sac de shopping. Ils se tenaient tous devant une boutique Harrods.

— Là, tu vois, on était dans le quartier de Knightsbridge. Ce sont des élèves d'un autre bahut qui ont fait la tournée des magasins avec nous. On a passé une journée de folie, mais qu'est-ce qu'il faisait froid !

Et, alors qu'elle m'expliquait en détail le programme de cette super journée, j'ai senti une vague de chaleur me recouvrir. Ma petite voix m'a traité d'idiot. Pauline et le beau gosse n'étaient pas un couple. Ils n'étaient pas sortis ensemble. Martin a perçu mon trouble et m'a interrogé du regard. Sans qu'un mot soit prononcé, je lui ai montré la photo envoyée par Sacha sur mon portable, avec son commentaire perfide. Malgré toutes les fois où j'avais été tenté de supprimer le fichier, je n'avais pu me résoudre à le faire. Martin a regardé la photo, puis il m'a regardé, moi.

— Tu savais que Sacha passe en conseil de discipline ?

Non, je ne savais pas.

— Il s'est fait choper avec une bière. Vacherin ne l'a pas loupé. Je crois que cette fois-ci, il ne va pas juste s'en sortir avec des heures de colle.

Je suis resté songeur. Les choses auraient pu se passer autrement. Mais maintenant, je lui en voulais pour la photo. Il avait été vraiment dégueulasse avec moi.

— Pourquoi il m'a envoyé cette photo truquée ? Il doit me détester. Tout ça, c'est à cause de Sonny. Je ne sais pas ce qui lui a pris de me débiner.

Martin a réfléchi quelques secondes.

— Sonny a inventé ces mensonges parce qu'il était jaloux. À mon avis, il n'a pas supporté que tu te rapproches de Sacha.

— Ouais… mais Sacha n'était pas obligé de croire tout ce qu'il racontait. Il aurait pu me faire confiance.

— Sauf qu'il connaît Sonny depuis plus longtemps que toi. Et le fait que tu défendes le petit sixième contre lui a confirmé à Sacha que tu le méprisais. CQFD.

Il avait raison. Sacha s'était senti blessé, il avait voulu me blesser à son tour. J'avais le sentiment d'un gros gâchis.

À la sonnerie, on a dû aller se ranger. Mais Martin n'avait pas tout à fait terminé. Avant de rentrer dans la salle, il a glissé à mon oreille :

— Tout à l'heure, tu m'as dit qu'il y avait des trucs qui pouvaient être réparés. Mais d'autres trucs attendent d'être construits. Il faudrait penser à s'en occuper.

Martin, mon copain d'enfance. Celui qui sait sans que je dise. Qui lit entre mes lignes.

Ces « trucs » dont il parle, il faut effectivement que je les regarde en face. J'ai passé des semaines à me torturer parce qu'une photo montrait Pauline avec un autre. Elle est assise deux places devant moi, et je la regarde de profil. Ses cheveux de miel, son petit nez pointu, son sourire.

Je ne sais plus si ce que j'éprouve pour elle est encore de l'amitié. Ou bien…

Grand ménage

Une semaine après l'expo photos, j'ai aperçu Sacha. Il attendait à la sortie du bahut. J'ai hâté le pas, je n'avais pas envie de lui parler.

— Dylan ! Dylan, attends !

J'aurais pu l'ignorer, faire comme si je n'avais rien entendu, mais une note d'urgence dans sa voix m'a arrêté.

Il s'est avancé jusqu'à moi, je n'ai pas bougé d'un pouce.

— On peut se parler ?

— Tu ne veux plus me mettre une raclée ?

Je n'avais pas l'intention de lui faciliter les choses. Il a secoué la tête.

— Arrête. Je veux juste te parler cinq minutes.

— …

— Je me suis trompé. Pour toi. Je sais que tu n'as rien dit derrière mon dos.

— Ah oui ? Pourtant, quand j'ai essayé de te l'expliquer, tu n'as rien voulu entendre.

On a marché jusqu'à l'Abribus.

— Sonny m'a tout avoué. On avait picolé et il a dit qu'il avait inventé ça parce qu'il ne pouvait pas t'encadrer.

Sacha m'a proposé une clope. Il faisait chaud et j'avais la gorge sèche, mais j'ai accepté. C'était un peu un calumet de la paix, cette cigarette.

— Je n'aurais pas dû tout gober aussi facilement, a-t-il dit, mais… quand tu m'as cherché à propos du gosse, j'ai cru que c'était vrai. Que tu m'avais débiné.

Sacha s'était donc senti trahi. Il n'empêche qu'il m'avait bien démoli, avec son message d'Angleterre. J'ai écrasé mon mégot sur le béton et l'ai dévisagé :

— J'ai compris pour la photo. Que tu l'avais recadrée.

Il y a eu un court silence.

— Ouais, a-t-il fait. C'était plutôt con.

— Si tu le dis.

J'étais carrément étonné. Si ça n'était pas des excuses, ça y ressemblait beaucoup. Il a demandé :

— Tu m'en veux encore ?

— Nan.

C'était vrai, j'étais passé à autre chose. J'ai demandé :

— Tu viendras me voir jouer ?

— Nan.

Il a souri, j'ai insisté :

— Ça sera peut-être mieux que ce que tu crois.

Il s'est levé.

— Je suis sûr que ça sera super. Tu vas jouer le guignol pour de vrai, tu dois être content.

Je l'ai regardé prêt à riposter et j'ai vu qu'il blaguait. Il m'a tendu la main, je l'ai serrée. Chacun est reparti de son côté, lui sur son scooter, moi à pied.

J'avais le sentiment qu'on ne redeviendrait pas amis, mais il n'y avait plus rien sous le tapis. On avait balayé les malentendus, évacué les rancœurs. Le ménage, ça a du bon.

Un pont entre deux îles

Le temps a filé en pente raide. J'ai dévalé les vacances et le mois de mai sans m'en apercevoir. J'avais fait la paix avec Sacha, et la lumière sur mes sentiments envers ma meilleure amie. Que je ne voyais plus comme une amie. J'étais tombé amoureux d'elle ; sans doute au fil du temps, sans doute depuis longtemps, mais quelle importance ? Dans tous les cas, entre les répétitions et la fin du trimestre, je n'ai pas eu le cœur de mettre mon cœur à nu.

Et puis, sans crier gare, le grand jour est arrivé.

On devait se rendre au théâtre en début d'après-midi, afin de filer le spectacle. Le soir, les classes participantes se succéderaient devant leurs familles. Quand j'avais quitté la maison, maman était couchée. Elle avait échangé une nuit de garde avec une de ses collègues pour libérer sa soirée. Depuis mon explosion au dîner, mes parents et moi n'avions pas vraiment reparlé. Il y avait quelque chose de maussade et de crépitant dans l'air. On échangeait des banalités, on effleurait la surface sans regarder ce qui stagnait juste au-dessous. J'étais déterminé à leur prouver que j'étais capable de réussir ce que j'entreprenais. Et j'avais aussi envie sans doute de me le prouver à moi-même. Pourtant, alors que le moment de me produire en public approchait, un courant sous-marin ramenait dans mes eaux troubles une question, toujours la même : est-ce que je serais à la hauteur ?

En descendant du bus devant le théâtre, la nausée me tordait le ventre. Comme en écho, Pauline m'a soufflé :

— J'ai trop le trac, je crois que je vais vomir sur mes chaussures !

Bon. Je n'étais pas le seul à psychoter. D'ailleurs, elle avait l'air d'avoir vraiment la trouille. Des plumes bleues se balançaient à ses oreilles tandis qu'elle me fixait avec des yeux inquiets. Elle attendait sûrement que je la rassure, mais je n'ai rien trouvé d'autre à lui dire que :

— Tu as pensé à amener des gâteaux ?

Je me suis traité d'imbécile, pourtant, cela a fonctionné. Déjà, elle me racontait qu'elle s'était levée aux aurores parce qu'elle n'arrivait pas à dormir.

— J'hésitais entre les sablés aux pignons de pin et les palets au beurre salé. Finalement, devine ce que j'ai préparé ?

Je penchais pour la seconde option.

— Évidemment, ni l'un ni l'autre ! Je me suis dis qu'aujourd'hui était un cas de force majeure. Alors, j'ai sorti l'arme fatale. Le chocolat.

— On dit que c'est un antidépresseur, a affirmé Manon qui venait de nous rejoindre avec son chéri.

Apparemment, ils avaient recollé les morceaux avec Martin. Je lui avais bien dit que rien n'était irréparable.

— Ouais, ben antidépresseur je sais pas, mais moi, le chocolat c'est ce que je préfère au monde ! Ça me calme à tous les coups. Et pour le peps, j'ai mis une pointe de poivre blanc.

Avant que j'aie le temps de dire ouf, elle m'avait fourré un bonbon au chocolat dans la bouche. C'est du Pauline tout craché. Quand elle parle pâtisserie, on ne peut plus l'arrêter. Le chocolat a fondu sur ma langue, la saveur cacao rehaussée par l'assaisonnement, infime.

Soudain, il m'est apparu que cette friandise était à l'image de mon amie. Douce et piquante à la fois.

— Oh, Paul ! C'est carrément délicieux ! a dit Martin.

Une petite cour nous a vite entourés, tout le monde voulait goûter.

— On se dépêche ! nous a exhortés Mme Nas. C'est bientôt notre tour. Il faudrait vous affoler un peu !

Elle paraissait aussi paniquée que nous un instant plus tôt. Un élève lui a tendu un chocolat qu'elle a accepté sans y prendre garde. L'effet magique ne s'est fait pas attendre ; elle nous a adressé un sourire qui disait : « Je sais que vous allez être formidables. »

Le Hublot était un petit théâtre, une bâtisse moderne, rectangulaire et sans prétention. À mes yeux, l'Odéon n'aurait pas été plus impressionnant. Dans le hall, de grandes banderoles proclamaient le « Printemps du théâtre ». Suivaient le nom des collèges inscrits.

Nous sommes entrés dans la salle, la même où nous avions assisté au *Malade imaginaire*, sauf que cette fois, on arrivait par les coulisses. J'ai bruyamment frappé dans mes mains ; le bruit a résonné tout autour de nous avant de revenir en écho un instant plus tard.

— Ouah ! Sacrée acoustique !

— Alors, quel effet ça vous fait ? a demandé Ananas.

Paul m'a donné une petite tape complice sur le bras. La scène était immense vue de là, trois fois plus large que la salle où nous répétions habituellement. Tout autour, des projecteurs étaient fixés en bas. En hauteur, des pendrillons, ces rideaux noirs permettant de délimiter l'espace, étaient accrochés sur les côtés. Il me semblait extravagant que nous jouions comme de vrais acteurs. On ne s'était jamais produits devant un public et cette salle, c'était tout simplement… trop.

J'ai envisagé de m'enfuir, ou bien de demander un autre chocolat à Paul quand la répétition a débuté. Il s'agissait surtout de prendre nos marques dans ce nouvel espace, de gérer les déplacements, les entrées et les sorties de chaque groupe. Cela ne nous a pris qu'une demi-heure, mais a suffi à me faire prendre conscience d'une chose : nous étions prêts.

— Très bien, a annoncé Mme Nas. Cela suffira.

Nous l'avons suivie dehors. Le théâtre était bordé d'un petit parc arboré. Il faisait doux, l'air fleurait bon le printemps.

— Je vous propose de vous détendre. Vous pouvez écouter de la musique, pratiquer la respiration abdominale, vous allonger. L'important, c'est de rester calme et concentré. On se met en place dans une heure.

Tous les élèves se sont éparpillés pour s'échouer sur un morceau de pelouse. Pauline et moi nous sommes allongés côte à côte. Nous restions immobiles, tous les deux unis par un lac de silence, séparés du monde qui bruissait autour de nous.

Nous étions deux îles au milieu d'un océan de vert.

Je sentais avec une acuité extrême son bras tout proche du mien. J'ai plongé dans le bleu profond du ciel, arrimé au bruit de nos respirations, qui, j'en avais la certitude à ce moment précis, s'harmonisaient parfaitement. Un à un, mes doigts se sont déplacés jusqu'à frôler les siens. Ma main s'est enroulée autour de sa main, jetant un pont entre nos deux rives. Au moment où je décidais de me redresser, elle a fait de même et nous nous sommes presque retrouvés nez à nez. J'ai ri, un peu gêné, et elle a ri aussi. J'ai enfin osé tendre la main pour remettre la mèche qui se rebellait toujours derrière son oreille. On est restés ainsi, hésitants, sans savoir si ce qui était en train de se passer était une bonne chose, mais ne souhaitant pas revenir en arrière. Je me suis penché doucement vers son visage. Ses lèvres avaient le goût de l'émerveillement, sa langue le parfum du premier baiser, une saveur aussi intense qu'éphémère.

J'ignore combien de temps cela a duré. Le temps a suspendu son vol et, quand l'heure est venue de nous relever pour rejoindre la salle, je flottais dans une dimension différente. Les autres élèves s'agitaient, trépignaient, se bousculaient, tandis que j'évoluais dans un ralenti cotonneux. La seule chose qui m'a paru vraiment réelle était la main de Pauline toujours dans la mienne.

Spectacle

Une fois dans le théâtre, Pauline m'a lâché la main et les fragments du monde ont repris leur place. Comme les autres, je me suis tordu le cou pour voir si ma famille était arrivée. Notre collège était le dernier à passer et on nous avait réservé les places de la fosse. La salle était déjà bondée, le bruit des conversations assourdissant. J'ai fini par apercevoir mes parents, ils étaient plutôt bien placés, au centre, à mi-hauteur des escaliers. « Ils vont bien profiter du spectacle », me suis-je dit. Puis, presque en même temps, une autre pensée a affleuré à ma conscience : « Ils sont venus. Pour moi. » Ce n'est qu'à cet instant que j'ai réalisé. Je n'avais pas vraiment douté de leur venue mais les voir là a fait monter une bouffée d'affection aussi forte qu'inattendue. Malgré nos différends, ils m'aimaient.

Mon père était assis, le dos bien droit, écoutant d'une oreille distraite ma mère qui s'agitait à ses côtés. Ils étaient habillés très classe, un costume pour papa, une jolie robe pour maman. J'allais leur montrer de quoi j'étais capable. Si je ne me prenais pas les pieds dans mes répliques du *Bourgeois gentilhomme*. J'ai senti la tension s'enrouler autour de moi, aussi étouffante qu'un serpent qui serre sa prise.

Le noir est tombé sur l'assistance, m'enveloppant telle une couverture. Les coups du brigadier ont retenti dans le murmure des voix qui s'éteignaient, me libérant de mon sentiment d'oppression. Il y a quelque chose de magique dans cet instant qui précède le spectacle. Plus rien n'existe d'autre que la lumière qui éclaire la scène. Le rideau s'ouvre et c'est un mur qui disparaît. Les acteurs sont des magiciens qui se métamorphosent et donnent vie à des personnages imaginaires.

Contrairement aux répétitions auxquelles j'avais prêté peu d'intérêt, je me suis laissé entraîner dans l'intimité de ce monde qui s'offrait à moi. Des extraits de tragédies de Racine ont succédé à Tardieu et Jarry. Les prestations étaient inégales, mais c'était un moment spécial malgré tout.

Enfin, notre tour est arrivé. De l'attente dans les coulisses, du jeu de mes camarades, je n'ai gardé qu'une image confuse. Nous sommes passés les avant-derniers. Je me tenais prêt, dissimulé derrière les pendrillons, un léger bourdonnement dans les oreilles. Martin et Manon jouaient juste avant. Ils ont interprété leur scène de ménage à la perfection. J'ai vu mon ami sortir côté cour puis, soudain, c'était à nous.

J'ai eu très froid tout à coup. La scène éclairée par les projecteurs contrastait avec la pénombre des coulisses.

J'ai regardé Pauline, m'accrochant à son sourire, j'ai pris une grande inspiration et je me suis jeté dans la lumière.

Les épaules un peu rentrées, j'ai adopté la démarche pataude de Monsieur Jourdain. J'étais le benêt dont tout le monde veut profiter. Le mec ridicule qui, parce qu'on lui a dit que c'était à la mode, s'est attifé comme un clown.

Je m'empare d'une chaise, la dispose au centre de la scène et me laisse tomber dessus lourdement. Immédiatement, me rappelant que je suis quelqu'un de respectable désormais, je me redresse et entreprends d'étaler ma large robe de chambre fleurie autour de moi. Mes pieds chaussés de ballerines à paillettes jaune criard, assorties à ma tenue, se balancent et font tinter les petites clochettes qui pendent de mes bas. Je suis fier de mon costume, spécialement taillé pour moi par mon couturier personnel, et je lance des petits sourires de paon à droite à gauche.

Pauline entre à son tour, arborant de grandes moustaches, des lunettes rondes et un air important. Elle est mon professeur et commence à m'enseigner la physique. Tandis qu'elle me fait la leçon, je m'efforce de suivre ses explications. Je ne comprends rien et écarquille exagérément les yeux. Qu'est-ce qu'elle me raconte ? Mon expression se fige en un masque stupide, j'entends à peine les rires qui retentissent dans la salle. C'est si bon de jouer l'imbécile, moi qui ai si souvent interprété ce rôle.

Tout mon passé de cancre se concentre dans ce personnage, je ne suis plus Dylan, je ne suis plus humilié, je suis un autre.

— Que voulez-vous donc que je vous apprenne ? me demande mon maître de philosophie.

— Apprenez-moi l'orthographe.

— Très volontiers.

— Les lettres sont divisées en voyelles, et en consonnes, déclame-t-elle d'un ton pédant. Il y a cinq voyelles, ou voix : A, E, I, O, U.

J'affiche une mine béate pendant qu'elle m'énumère ces évidences. Pour bien lui montrer que cette fois je comprends tout, je hoche vigoureusement la tête de haut en bas.

— La voix A se forme en ouvrant fort la bouche : A, me dit-elle sentencieusement.

Je me lève et me concentre de toutes mes forces. Je me penche un peu, les mains sur les cuisses et le front plissé, j'ouvre très grand la bouche pour expulser ce maudit « A », mais il ne veut pas sortir. À la place, une espèce de râle aigu s'exhale de ma bouche, pitoyable.

De nouveau, des rires.

J'écarte simultanément les bras, les yeux et la bouche, et j'accouche d'un « A » retentissant :

— AAAAAAAAAAAAh !

Pauline sursaute. Rires. Elle se ressaisit et poursuit son cours. On dirait qu'elle s'adresse à un demeuré :

— La voix E se forme en rapprochant la mâchoire d'en bas de celle d'en haut : A, E.

Tout excité par ma première performance, j'aboie des « A » gigantesques les bras ouverts comme si j'allais m'envoler ; puis, avec ma main gauche, je pousse mon menton pour refermer la bouche et, miracle ! le « A » se transforme en « E » !

— AaaahEueueueueu....

Encore des rires.

Mes index étirent la commissure de mes lèvres en un sourire crispé, et le « I » sort en un rire saccadé qui n'est pas loin de rappeler les premières notes de Woody Woodpecker.

— Hihihihihi.

Au fur et à mesure des explications de mon professeur, j'articule toutes les voyelles en gesticulant pour chaque lettre.

Les bras écartés, « A ».

La main sous le menton, « E ».

Les doigts qui tirent les coins de ma bouche, « I ».

Je ne peux plus m'arrêter, je danse une pantomime grotesque autour de Pauline éberluée. Ma main s'agite en cercles vigoureux autour de ma tête tandis que je vagis des « O » et que je fais des moues pour dire les « U ».

J'ai réussi, je connais toutes mes voyelles ! Je suis transfiguré par le succès, littéralement transporté. Je cours dans tous les coins de la scène comme un gamin le soir de Noël. Je ne m'arrête que lorsque Pauline me promet que demain, nous travaillerons les consonnes. Alors, aussi brusquement que je me suis exalté, je me calme et m'assieds sagement à ses côtés.

Moment de silence.

Je me penche dangereusement vers elle, très près, si près qu'elle est obligée de reculer le buste.

— Il faut que je vous fasse une confidence.

Je laisse passer un nouveau silence. Elle est suspendue à mes lèvres. Alors, je la regarde intensément en disant :

— Je suis amoureux d'une personne de grande qualité.

Elle rougit sous ses moustaches et je poursuis imperturbable. Embarquée dans son personnage, elle m'assure de son aide quand je lui demande de rédiger un mot d'amour, et m'expose la différence entre le vers et la prose. Stupéfait, je bondis de ma chaise comme un ressort et lance face au public :

— Et comme l'on parle, qu'est-ce que c'est donc que cela ?

— De la prose.

Je fronce les sourcils. Me gratte la tête. Je réfléchis si fort que j'ai l'impression que de la fumée va bientôt sortir de mon crâne en surchauffe.

— Quoi ? Quand je dis : « Nicole, apportez-moi mes pantoufles, et me donnez mon bonnet de nuit », c'est de la prose ?

— Oui, Monsieur.

À ces mots, je sautille sur place tant je suis ravi :

— Par ma foi ! il y a plus de quarante ans que je dis de la prose sans que j'en susse rien, et je vous suis le plus obligé du monde de m'avoir appris cela.

C'est mon ultime réplique.

Le tonnerre d'applaudissements qui s'abat sur nous ne me sort pas de ma transe. Ce n'est que lorsque je sens la main de mon amie serrer la mienne que je redeviens moi. Les spectateurs se lèvent de leurs fauteuils, les mains crépitent à tout rompre.

Je sens un goût salé sur mes lèvres. Je pleure et le rideau se referme.

Si ma vie était un théâtre

Si ma vie était un théâtre, ce jour-là serait le premier acte d'une nouvelle pièce.

SCÈNE 1

DANS LES COULISSES.

Je me suis précipité à la suite de Paul. Arrivée dans la loge, elle m'a sauté au cou. Martin aussi et pendant un instant le passé et le présent se sont superposés, les mousquetaires ne faisaient plus qu'un.

— Tu te rends compte, vous avez eu droit à une *standing ovation !*

Je me souviens que je ne pouvais plus parler. Je venais juste de réintégrer mon corps et parvenais à grand-peine à assimiler ce qui venait de se passer.

Je me souviens que plus tard Pauline m'a aidé à quitter mon costume ridicule. Elle a démêlé le nœud de ma robe de chambre, a enroulé ses bras autour de mon cou et j'ai tenté de me rassembler mentalement : tête, bras, jambes… Puis c'est tombé d'un coup, soufflé à mon oreille :

— Je t'aime plus que le chocolat.

SCÈNE 2

Sur la scène.

Nous sommes tous retournés sur le plateau pour le dernier salut. Les autres collégiens nous ont rejoints et on a tenté de s'incliner en même temps, ce n'était pas vraiment synchrone, mais on s'en fichait complètement.

Je me souviens des bravos, ils n'en finissaient pas de braver le rideau, qui s'est fermé puis ouvert. La salle s'est rallumée.

J'ai vu mes parents, debout, qui applaudissaient. Mon père regardait dans ma direction, nos regards se sont croisés.

Je me souviens qu'il a souri en levant les bras. Je crois que c'est le sourire le plus intense que j'aie jamais vu. Nous étions hors de portée, séparés par la scène, par la foule, et pourtant nous n'avions jamais été aussi proches.

SCÈNE 3

Dans le hall du Hublot.

Mme Nas était entourée de parents qu'elle saluait, d'élèves qu'elle félicitait. On s'est approchés pour lui dire au revoir. Elle a déclaré : « Bravo, c'était formidable. »

Je me souviens qu'elle a posé une main sur mon épaule et m'a dit tout bas : « Merci. » Je n'ai pas bien compris pourquoi, alors elle m'a expliqué :

— Tu sais, quand on se lance dans le métier d'enseignant, c'est parce qu'on aime transmettre, et dans mon cas, on aime la langue, les livres et on veut partager cela avec des enfants... des adolescents. Le choc avec la réalité d'une classe est parfois un peu violent...

Un silence s'est posé entre nous, lourd comme une porte sortie de ses gonds, comme une feuille de cours jetée par la fenêtre.

— Toujours est-il que j'ai choisi ce métier pour donner mais aussi pour recevoir. Je te remercie parce que tu viens de m'offrir un cadeau inestimable : tu m'as montré ton talent.

SCÈNE 4

À LA SORTIE DU THÉÂTRE.

Je me souviens que mon père m'attendait à la sortie du théâtre.

— Ta mère récupère son manteau au vestiaire. Elle nous rejoint dans une minute.

Il a cherché quelque chose dans sa poche.

— Tiens, ça fait un moment que je voulais te le rendre. Je ne savais pas trop comment m'y prendre. Je crois qu'il est temps de le faire.

Il me tendait une enveloppe un peu froissée. J'ai reconnu le paquet qui contenait l'argent gagné pendant l'opération cookies. Celui qu'il avait pris parce qu'il pensait que je l'avais volé.

— Je ne sais même pas comment te dire à quel point je suis désolé. J'ai cru...

Je l'ai regardé en pensant très fort : « Non, ne le dis pas ! »

— Je ne sais pas ce que j'ai cru, a-t-il repris. En tout cas, j'ai eu tort. Sur toute la ligne.

Il se balançait d'un pied sur l'autre, je me suis aperçu que je faisais pareil.

— Dylan, j'ai été stupide. Maladroit. Quand tu m'as dit l'autre jour que j'avais honte de toi, j'ai eu mal.

Sa voix s'est mise à trembler, il a attrapé mes épaules en agrafant son regard dans le mien :

— J'ai eu mal, pas parce que tu avais raison, mais parce que je t'ai laissé le croire. Dylan… Je n'ai jamais eu honte de toi, ou de tes résultats scolaires. J'ai été dur, parfois. Souvent. Je le reconnais. Mais c'est comme ça que j'ai été élevé. Je préfère dire que tu peux mieux faire, plutôt que te montrer quand je suis fier de toi. Et je me rends compte que c'est complètement idiot.

J'ai essayé de l'interrompre :

— Papa…

— Non, laisse-moi finir, c'est important que tu saches. Je suis fier de toi. Je ne te l'ai jamais dit, et j'ai eu tort. Je suis fier de toi, Dylan et, ce soir, tu m'as époustouflé.

Il m'a pris dans ses bras et j'ai chialé, comme un bébé.

— Ce soir, mon grand, tu mérites un dix sur dix.

Épilogue

Quand on est en mode *winner*, il faut parfois faire un effort pour ne pas l'oublier. Parce que tout n'est pas rose bonbon dans la vie. Plutôt caramel beurre salé. Le sucre et le sel peuvent faire un bon mélange, il faut juste trouver l'équilibre.

Tout n'a pas été miraculeusement réglé après le spectacle. J'ai continué à me prendre la tête avec mes parents. Peut-être moins souvent, peut-être en parlant plus fort. Mais ce que je retiens de cette soirée, c'est qu'elle a été un déclencheur pour moi.

J'ai pris conscience que pour coller aux étiquettes qu'on m'attribuait, j'avais assumé plusieurs rôles. Dylan le dyslexique. Le guignol, l'ami marrant, l'élève en difficulté, le fils indigne, le raté, le rebelle. Tous ces morceaux réunis composaient un tableau hétéroclite, j'étais constamment en représentation. Mais qui était le vrai Dylan ?

Pour la première fois lors du spectacle, j'ai joué un personnage qui n'était pas moi, et je me suis senti entier. À ma place.

Aujourd'hui, j'ai dix-neuf ans et je suis en terminale technologique. Je fais toujours du théâtre. Je suis dans une troupe amateur. Cet été, on fait une tournée.

Peut-être que porter des masques me permet d'être moi-même.

Je ne ressens plus ma dyslexie comme une malédiction. Je lis avec mes oreilles, j'ai été le premier surpris de découvrir que j'aimais ça. Quand je dois écrire, je préviens que je travaille avec des correcteurs orthographiques, que ce n'est pas en option, comme des lunettes ou une canne pour un malvoyant. J'ai arrêté de me prendre la tête. Je fais des phrases courtes, je surveille ma ponctuation, je mouline le tout dans l'ordinateur ou je me fais relire par quelqu'un.

Je me demande parfois ce qui se serait passé si je n'avais pas joué Monsieur Jourdain en quatrième. Si je n'avais pas eu de vrais amis. Si je n'avais pas rencontré des gens qui ont cru en moi. Si je n'avais pas décidé de croire en moi. Si…

Ce qui compte, ce n'est pas d'avancer tout droit. On peut se trouver à la croisée des chemins, se tromper de voie, prendre des tours et des détours… on arrive toujours quelque part.

Les sigles de ma vie

MDPH : Maison Départementale des Personnes Handicapées.

PAP : Plan d'Accompagnement Personnalisé.

AVS : Auxiliaire de Vie Scolaire.

RASED : Réseau d'Aides Spécialisées aux Élèves en Difficulté.

Ouvrage composé par
PCA - 44400 REZÉ

Imprimé en France
par Normandie Roto Impression s.a.s.
61250 Lonrai
N° d'impression : 1903265
S28800/05

PKJ • www.pocketjeunesse.fr
POCKET JEUNESSE

MIXTE
Papier issu de sources responsables
FSC® C003309
FSC www.fsc.org

Pocket Jeunesse, une marque d'Univers Poche,
est un éditeur qui s'engage pour
la préservation de l'environnement
et qui utilise du papier fabriqué à partir
de bois provenant de forêts gérées
de manière responsable.